*Weites Hochplateau auf der Gurgler Seenplatte,
6. Etappe – Variante*

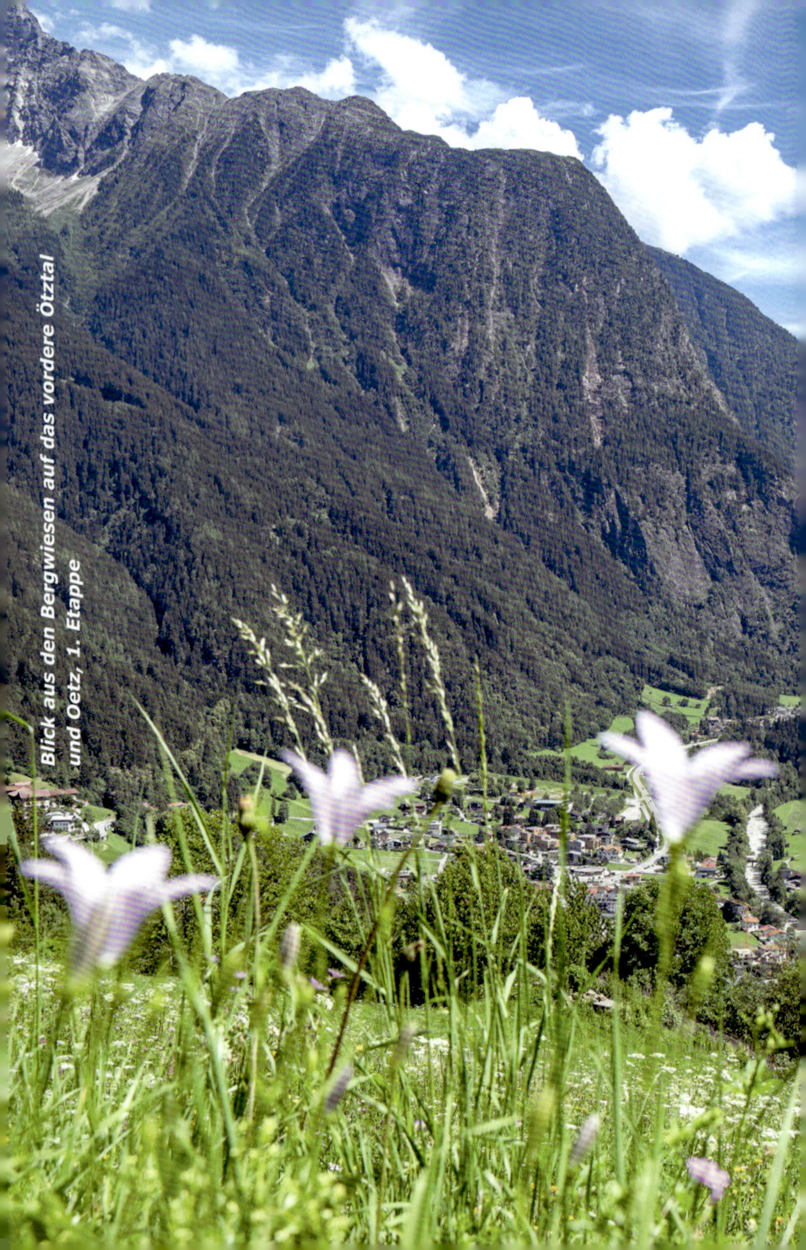

Blick aus den Bergwiesen auf das vordere Ötztal und Oetz, 1. Etappe

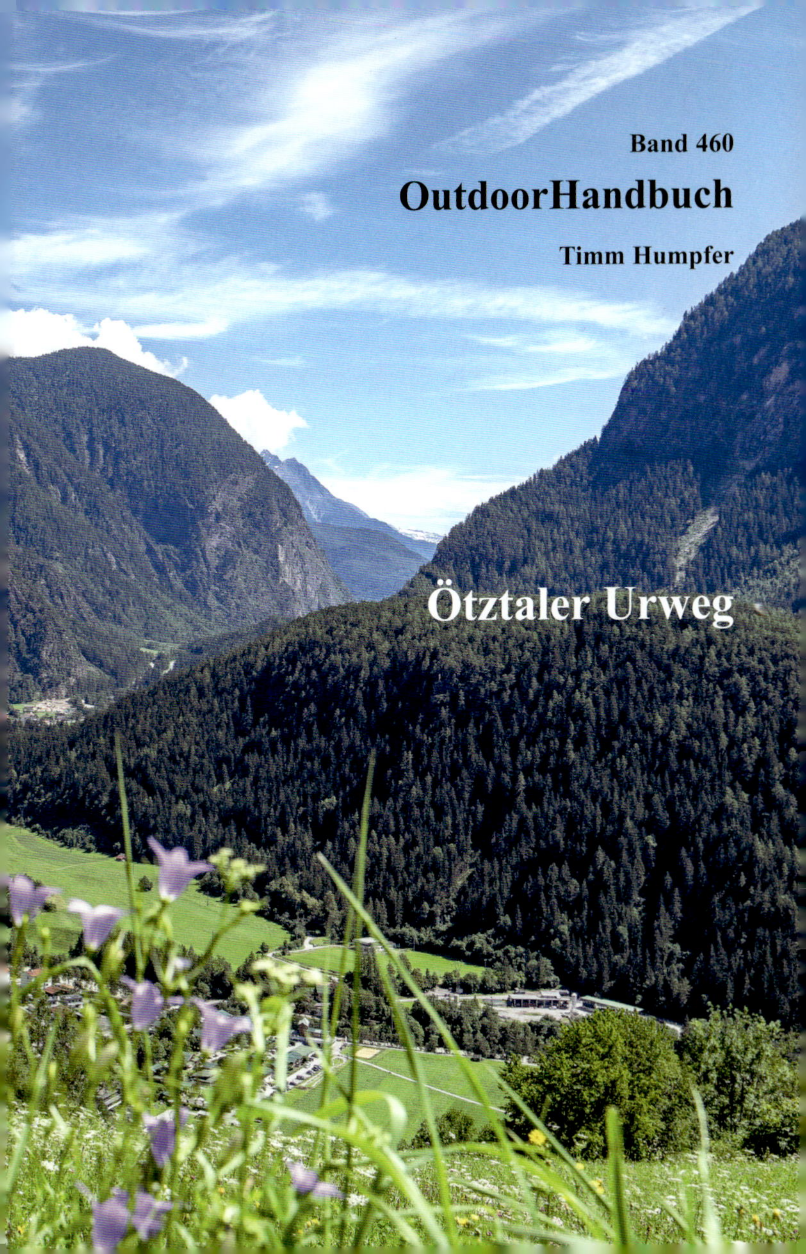
Band 460
OutdoorHandbuch
Timm Humpfer
Ötztaler Urweg

Ötztaler Urweg

Copyright Conrad Stein Verlag GmbH.
Alle Rechte vorbehalten.

Der Nachdruck, die Übersetzung, die Entnahme von Abbildungen, Karten, Symbolen, die Wiedergabe auf fotomechanischem Wege (z. B. Fotokopie) sowie die Verwertung auf elektronischen Datenträgern, die Einspeicherung in Medien wie Internet (auch auszugsweise) sind ohne vorherige schriftliche Genehmigung des Verlages unzulässig und strafbar.

Alle Informationen, schriftlich und zeichnerisch, wurden nach bestem Wissen zusammengestellt und überprüft. Sie waren korrekt zum Zeitpunkt der Recherche. Eine Garantie für den Inhalt, z. B. die immerwährende Richtigkeit von Preisen, Adressen, Telefon- und Faxnummern sowie Internetadressen, Zeit- und sonstigen Angaben, kann naturgemäß von Verlag und Autor – auch im Sinne der Produkthaftung – nicht übernommen werden.

Der Autor und der Verlag sind für Lesertipps und Verbesserungen (besonders per E-Mail) unter Angabe der Auflagen- und Seitennummer dankbar.

Dieses OutdoorHandbuch hat 128 Seiten mit 39 farbigen Abbildungen sowie 16 farbigen Kartenskizzen im Maßstab 1:75.000, 13 farbigen Höhenprofilen und einer farbigen, ausklappbaren Übersichtskarte. Es wurde auf chlorfrei gebleichtem, FSC® zertifiziertem Papier gedruckt, in Deutschland klimaneutral hergestellt und transportiert und wegen der größeren Strapazierfähigkeit mit PUR-Kleber gebunden.

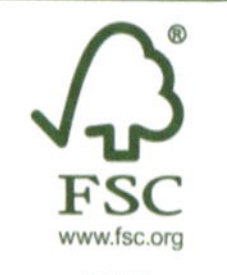

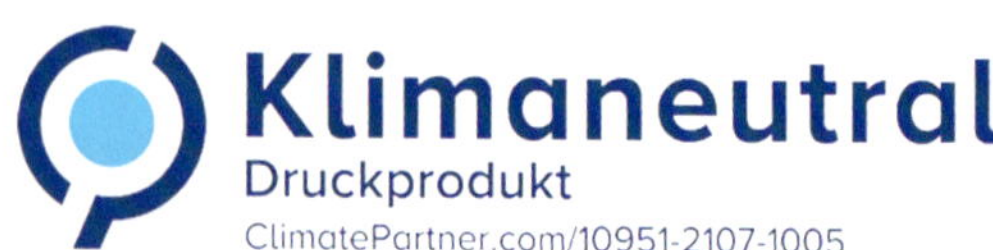

Dieses Buch ist im Buchhandel und in Outdoor-Läden erhältlich und kann im Internet oder direkt beim Verlag bestellt werden.

OutdoorHandbuch aus der Reihe „Der Weg ist das Ziel", Band 460

ISBN 978-3-86686-649-2 1. Auflage 2021

© Basiswissen für draussen, Der Weg ist das Ziel und FernwehSchmöker sind urheberrechtlich geschützte Reihennamen für Bücher des Conrad Stein Verlags

Text und Fotos: Timm Humpfer
Karten: Heide Schwinn
Lektorat: Ricarda Kuschma
Layout: Alexandra Sauerland

Gesamtherstellung: gutenberg beuys feindruckerei

Dieses OutdoorHandbuch wurde konzipiert und redaktionell erstellt vom:

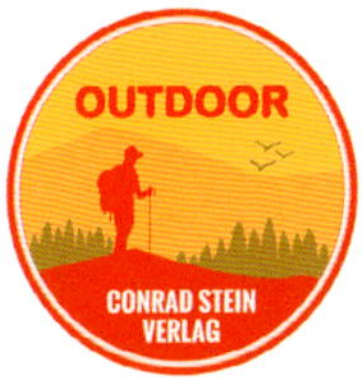

Conrad Stein Verlag GmbH, Kiefernstr. 6, 59514 Welver,
☏ 023 84/96 39 12,
info@conrad-stein-verlag.de,
www.conrad-stein-verlag.de

Besuchen Sie uns bei Facebook & Instagram:

 www.facebook.com/outdoorverlag

 www.instagram.com/outdoorverlag

Titelfoto: Im Aufstieg zur Gurgler Seenplatte, 6. Etappe – Variante

Inhalt

Vorwort

Die Ötztaler Alpen sind bekannt für urige Berghütten, hohe Gipfel und eisige Gletscherlandschaften. Mit der Wildspitze und der Weißkugel liegen hier zwei der drei höchsten Gipfel Österreichs. Die schier endlosen Eismassen des Kesselwandferners und Gepatschferners bilden das größte zusammenhängende Gletschergebiet Österreichs und der Ostalpen. Direkt darüber thront mit dem Brandenburger Haus auf 3.277 m Höhe die höchstgelegene Alpenvereinshütte. Rund um das Ötztal reihen sich die Superlative förmlich aneinander. Es ist daher auch nicht verwunderlich, dass das längste Seitental Tirols bereits seit Jahrzehnten ein beliebtes Ziel zum Bergsteigen und Bergwandern ist.

Seit Sommer 2019 bietet das Ötztal ein weiteres Highlight: den 180 km langen Ötztaler Urweg. In Höhenlagen zwischen 660 m und 3.189 m umrundet der Fernwanderweg das gesamte Tal. Die Landschaft unterwegs könnte kaum abwechslungsreicher sein: entlang der wilden Ötztaler Ache und der tiefen Kühtrainschlucht, über liebliche Almwiesen und durch historische Dörfer, vorbei an tosenden Wasserfällen und kristallklaren Bergseen, über eine schwindelerregende Hängebrücke und ein hochalpines Joch. Kaum ein Höhepunkt des Ötztals bleibt auf oder besser gesagt neben der Strecke. Ganz nebenbei werden Sie in die Kulinarik, Traditionen und die Geschichte dieses einzigartigen Tals eintauchen.

Der Ötztaler Urweg ist offiziell in 12 Etappen gegliedert, welche in diesem Wanderführer ausführlich beschrieben werden. Es gibt außerdem eine alternative Etappe und mögliche Abwandlungen der Etappeneinteilung, welche ebenfalls erläutert werden.

Mithilfe dieses Wanderführers wird es Ihnen möglich sein, das Abenteuer "Urweg" ganz nach Ihren Vorlieben zu gestalten. Eines ist sicher: So haben Sie das Ötztal noch nie erlebt!

Bei Fragen und Anregungen können Sie sich gerne über den Verlag an den Autor wenden.

Land und Leute

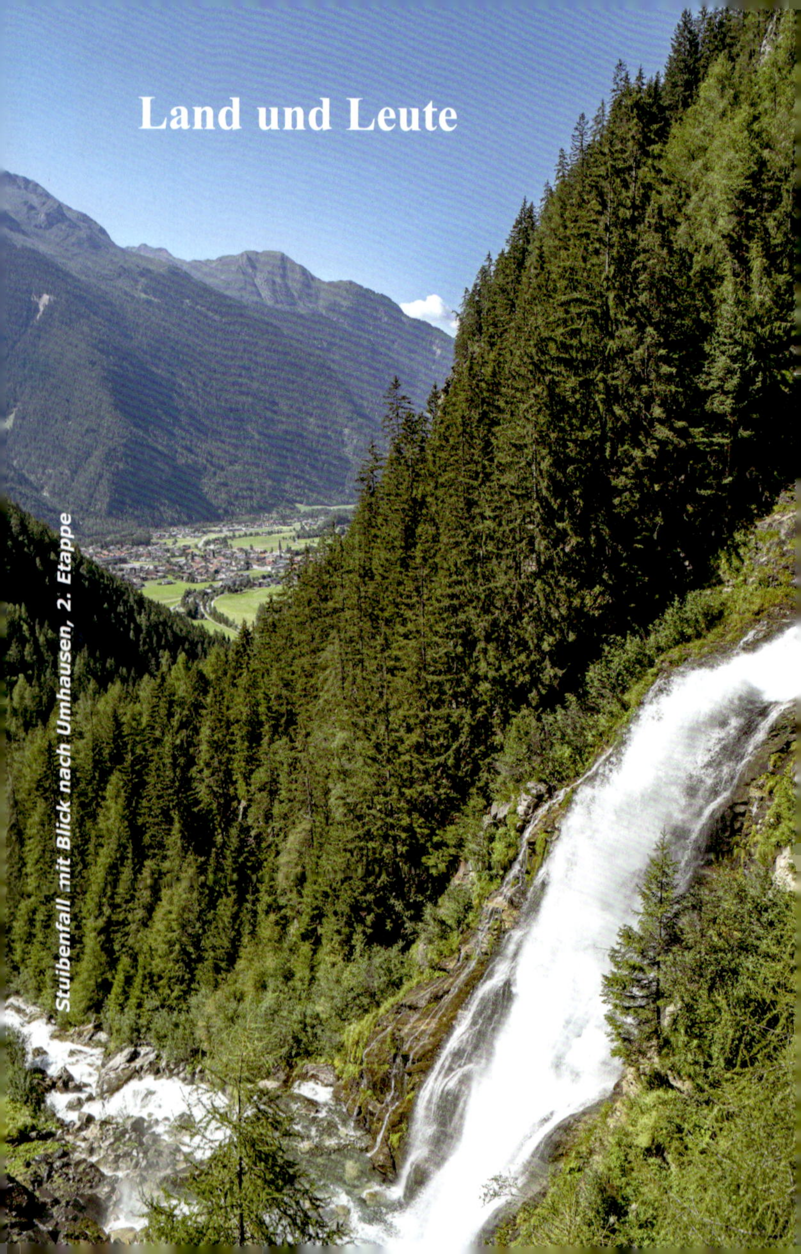

Stuibenfall mit Blick nach Umhausen, 2. Etappe

Der Weg führt um die gesamte Länge des Ötztals herum. Mit rund 65 km ist es das längste Quertal der Ostalpen und das längste Seitental des Inntals im österreichischen Bundesland Tirol. Im Ötztal liegen die fünf Gemeinden Sautens, Oetz, Umhausen, Längenfeld und Sölden. Die Wanderung auf dem Ötztaler Urweg führt durch all diese Gemeinden hindurch und bietet somit einen hervorragenden Einblick in die Kultur und Geschichte des Tals. Das Gemeindegebiet Sölden ist sehr weitläufig und schließt die Bergdörfer Obergurgl und Vent mit ein. Sölden und Obergurgl sind vor allem als Wintersportdestinationen bekannt. Die Wintermonate sind hier für etwa 70 % der Übernachtungen pro Jahr verantwortlich. Im Sommer ist es deutlich beschaulicher im Ötztal.

Den Eingang zum Tal bildet der Ortsteil Ötztal Bahnhof, welcher zu Haiming gehört. Er entstand durch den Bau der Arlbergbahn. Eine Besonderheit des Ötztals ist sein stufiger Aufbau. Jede der fünf Stufen zeichnet sich durch besondere klimatische und landschaftliche Merkmale aus. Entstanden sind diese Stufen durch massive Bergstürze. Die Schuttmassen stauten in der Folge die Ötztaler Ache auf und formten auf diese Weise riesige Schwemmebenen, die der Landschaft ihre heutige Form gaben. Bedeutende Seitentäler des Ötztals ziehen sich überwiegend in Richtung Osten: das Nedertal bei Oetz, das Horlachtal bei Umhausen und das Sulztal bei Längenfeld. Diese Seitentäler sind als besonders einsame Wandergebiete bekannt. Im Süden grenzt das Ötztal über das Timmelsjoch an Südtirol. Das östliche Nachbartal ist das Stubaital, im Westen schließt sich das Pitztal an. Bemerkenswert ist, dass lediglich 5 % der Talfläche als Siedlungsraum gelten. Diese Zahl macht deutlich, wie viel Natur Sie auf einer Wanderung im Ötztal erwartet.

Das Tal genießt ein mildes Klima. Im Norden baut sich das mächtige Bergmassiv des Tschirgant auf, direkt gegenüber des Taleingangs. Diese Konstellation verhindert ein Eindringen der kalten Nordwinde in das Ötztal. Die Südwinde hingegen erwärmen sich bei der Überquerung von Berghängen und bringen somit warme Luft in das Tal. Klimatisch besonders bevorzugt ist das äußere Ötztal mit den Gemeinden Sautens und Oetz. Hier wird Obstbau betrieben, der auch als Grundlage für die hochwertige Schnapsbrennerei in diesem Gebiet dient.

Menschliche Spuren lassen sich im Ötztal weit zurückverfolgen. Schon vor 9.000 Jahren waren steinzeitliche Jäger im hinteren Ötztal unterwegs. Der bekannteste Fund war sicherlich der „Ötzi", der in die Zeit um 3.300 v. Chr. datiert wird. Die frühesten urkundlichen Beweise für eine Besiedlung stammen aus dem 12. Jahrhundert. Über viele Jahrhunderte war es ein armes Tal, das ausschließlich von der Landwirtschaft leben konnte. Die entscheidende Entwicklung, aus welcher das Ötztal in seiner heutigen Form hervorging, war der stark zunehmende Tourismus in den Jahrzehnten nach dem Zweiten Weltkrieg.

Die Bedeutung der Landwirtschaft ist im gleichen Zeitraum stark zurückgegangen. Am meisten verbreitet ist heute eine gemischte Almwirtschaft, die aus klassischer Weidewirtschaft und touristischer Bewirtung besteht.

Anzeige

LEICHTER • VIELSEITIGER • SICHERER

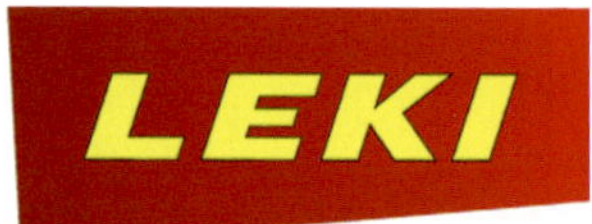

MICRO VARIO CARBON

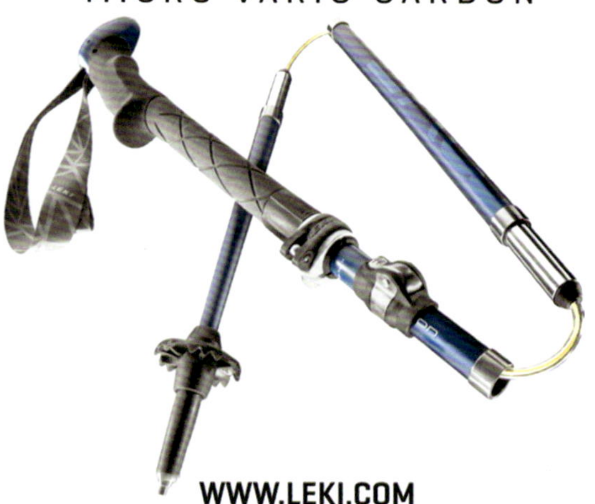

WWW.LEKI.COM

Reise-Infos von A bis Z

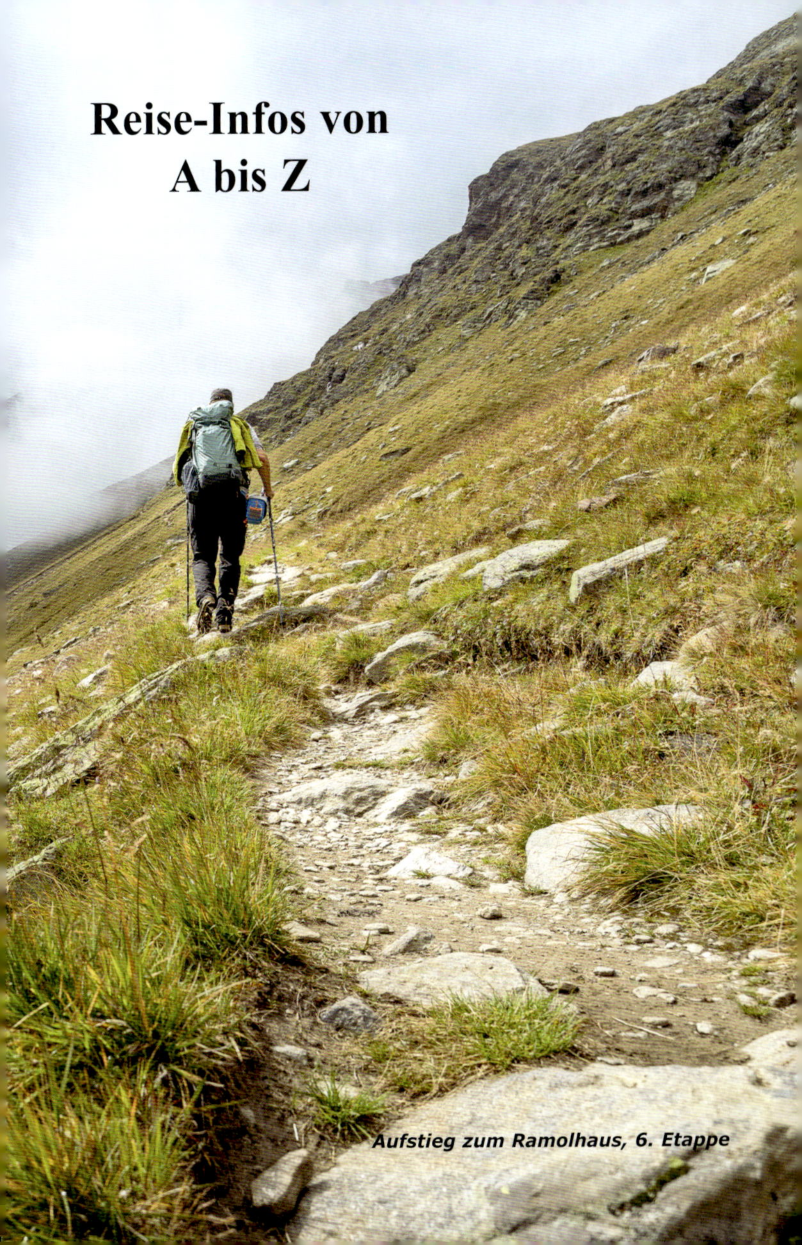

Aufstieg zum Ramolhaus, 6. Etappe

An- und Abreise

Das Ötztal liegt ca. 50 km westlich der Tiroler Landeshauptstadt Innsbruck. Die Anreise erfolgt aus westlicher Richtung über Imst und aus östlicher Richtung über Telfs bei Innsbruck. Da es sich um einen Rundwanderweg handelt, erfolgt die Abreise entsprechend der Anreise.

Mit der Bahn

Die An- und Abreise mit der Bahn ist für die meisten vermutlich die beste Option. Der Start- und Endpunkt dieser Etappenwanderung ist Ötztal Bahnhof. Die Bahnfahrt führt in der Regel über München und Kufstein direkt nach Ötztal Bahnhof. Bei einer weiten Anreise aus Norddeutschland kann auf Nachtzüge zurückgegriffen werden. Lediglich aus der Schweiz und vom Bodensee kommend ist die Anreise per Bahn unter Umständen mit einigen Umstiegen und langer Fahrzeit verbunden.

Mit dem Auto

Die Anreise mit dem Auto erfolgt von Westen über den Arlbergpass oder durch den Arlbergtunnel und weiter über Landeck und die A12 bis zur Abfahrt Ötztal. Aus dem Norden kommend fahren Sie je nach Verkehrslage über den Fernpass und Imst oder über Seefeld und Telfs bis zur Abfahrt Ötztal. Aus östlicher Richtung führt die Anreise über Kufstein und Innsbruck bis nach Ötztal Bahnhof.

Parkplätze: Direkt am Bahnhof stehen zahlreiche kostenpflichtige Parkplätze zur Verfügung (Park & Ride). Bei Buchung in einer Ötztaler Wanderunterkunft besteht die Möglichkeit, das Auto für die Dauer der Wanderung dort stehen zu lassen. Dies ist in der Regel kostenfrei. Mit dem Bus gelangen Sie problemlos zurück zum Bahnhof, um dort die Wanderung zu beginnen.

Mit dem Flugzeug

Bei einer sehr weiten Anreise lohnt es sich unter Umständen, nach München oder Innsbruck zu fliegen und von dort mit der Bahn bis Ötztal Bahnhof weiterzureisen.

Ausrüstung

Natürlich gilt diesbezüglich: je leichter der Rucksack, desto angenehmer das Wandern. Es lohnt sich also, auf das Gewicht des Rucksacks zu achten und nur das Nötigste einzupacken. Auf den langen Etappen, vor allem wenn viele Höhenmeter zu bewältigen sind, macht sich im Tagesverlauf jedes überflüssige Kilogramm bei der Ausrüstung bemerkbar.

Der Rucksack sollte ein Fassungsvolumen von 30-40 Litern haben. Diese Größe ist für den Ötztaler Urweg ausreichend. Unterwegs benötigen Sie je nach Etappenlänge und Einkehrmöglichkeiten **1-2 Liter Wasser**. Sie kennen Ihren Wasserverbrauch auf Wanderungen am besten. Wenn Sie grundsätzlich viel Wasser benötigen, dann sollten Sie auf den langen Etappen oder wenn es keine Einkehrmöglichkeit unterwegs gibt, lieber 1 Liter zusätzlich mitnehmen, um sicherzugehen. Die Einkehr- und Verpflegungsmöglichkeiten werden in den detaillierten Etappenbeschreibungen aufgelistet. Am besten schauen Sie sich immer am Vortag die anstehende Etappe an, so können Sie Wasser und Snacks für unterwegs (wie Müsliriegel, Obst oder Nüsse) dementsprechend einplanen.

Bedenken Sie bitte, dass der Ötztaler Urweg in hochalpine Lagen hinaufführt. Es gilt die Faustregel: Je 100 Hm nimmt die Temperatur um 1 °C ab. Im Hochgebirge – auf dieser Wanderung zumindest auf der Etappe über das Ramolhaus und Ramoljoch – kann es auch im Hochsommer zu Wintereinbrüchen kommen. Warme Kleidung gehört auf jeden Fall in den Rucksack.

Das Wichtigste zuerst: Um Tag für Tag lange Etappen auf verschiedensten Untergründen zurücklegen zu können, benötigen Sie gutes Schuhwerk. Knöchelhohe, wasserdichte und gut eingelaufene **Wanderschuhe** sollten daher selbstverständlich sein. Dazu gehören auch die passenden Wandersocken. Es sollte eine Kombination sein, die sich auf vergangenen Wanderungen bereits bewährt hat. Andernfalls erhöht sich das Risiko von Blasen, schmerzenden Füßen und sogar Knöchelverletzungen erheblich. Für Touren wie diese setze ich seit einigen Jahren auf leichte, aber stabile Lederschuhe. Diese sind wasserdicht, knöchelhoch und verfügen über ein gutes Sohlenprofil für stabilen Halt.

Vergessen Sie nicht, ein Paar **leichte Wechselschuhe** einzupacken. Diese erfüllen unterschiedlichste Aufgaben. So ersetzen sie in den Etappenorten die schweren Wanderschuhe, im Hotel oder auf der Berghütte dienen sie als Hausschuhe. Die Bandbreite der Möglichkeiten ist groß: Flipflops, Wandersandalen oder Slipper eignen sich hervorragend.

Wie bereits erwähnt, kann es im Hochgebirge auch in den Sommermonaten empfindlich kalt werden. Daher sollte, was die Oberbekleidung betrifft, auf jeden Fall nach dem Zwiebelprinzip geplant und gepackt werden. Als unterste Schicht eignet sich ein **Funktionsshirt**. Ich führe in der Regel zwei davon mit mir, ein kurzärmliges und ein langärmliges für kühlere Tage (dient auch als Sonnenschutz an sehr sonnigen Tagen, wenn es unterwegs wenig Schatten gibt). Somit habe ich auch gleich Wechselwäsche und kann sie immer abwechselnd im Hotel waschen und über Nacht weitestgehend trocknen lassen.

Wenn es kühler wird oder die Wanderung in höhere Lagen führt, dann empfiehlt sich als nächste Schicht ein leichter, aber warmer Fleecepullover. Die Alternative hierzu ist eine Daunenweste. Diese sind sehr leicht und lassen sich oft in ihrer eigenen Tasche verstauen. Als oberste Schicht empfehle ich eine gute Regenjacke. Diese erfüllt gleich zwei Aufgaben: Egal bei welcher Temperatur dient diese als zuverlässiger Regenschutz. Außerdem kann Sie über dem **Fleecepullover** oder der Daunenweste als wetterfeste und isolierende Schicht dienen, wenn es kalt wird. Die Wahl richtet sich allerdings auch nach den Wettervorhersagen. Ist zum Beispiel trockenes, aber kühleres Wetter für die Zeit der Wanderung angesagt, dann macht es unter Umständen Sinn, anstelle der **Regenjacke** eine Softshelljacke auszuwählen. Diese spendet zusätzliche Wärme und kommt bis zu einem gewissen Maß auch mit Regen zurecht.

Sie benötigen außerdem **Wechselkleidung**, um abends die getragene Kleidung waschen zu können. Auf diese Weise haben Sie auch saubere Kleidung für den Ausflug im Ort und das Abendessen. Ich empfehle schnell trocknende Funktionsshirts, diese sind in der Regel am nächsten Morgen vollständig trocken. Zwei hiervon sind somit ausreichend. Was Unterwäsche und Socken betrifft, sollten Sie eine zusätzliche Garnitur einplanen, da diese über Nacht nicht immer ganz trocknen. Hiervon am besten jeweils drei Garnituren einpacken.

Der Ötztaler Urweg führt an Bergseen und Badeseen vorbei. Viele Etappenorte haben ein öffentliches Schwimmbad, einige Hotels verfügen über einen Pool. Es lohnt sich also, **Badesachen** und ein leichtes Mikrofaserhandtuch zum Abtrocknen einzupacken.

Wanderstöcke sind gute Begleiter auf Wanderungen im alpinen Gelände. In steilen Aufstiegen sorgen sie für Unterstützung, im Abstieg entlasten sie die Gelenke, und beim Durchqueren von Schneefeldern oder in schwierigem Gelände bieten sie zusätzliche Stabilität. Auf flachen und einfachen Wegstücken sollten Sie allerdings auf die **Wanderstöcke** verzichten. Ein dauerhafter Einsatz kann den Gleichgewichtssinn und die Koordination negativ beeinflussen. Daher möchte ich meine Faltstöcke nicht mehr missen. Diese sind in Sekundenschnelle einsatzbereit und ebenso schnell wieder auf ein sehr kleines Packmaß zusammengesteckt.

Ein **Sonnenschutz** gehört auf jeden Fall in den Rucksack. Bitte bedenken Sie, dass in den höheren Lagen auch bei durchwachsenem Wetter eine erhöhte und intensivere Sonneneinstrahlung herrscht. Selbst bei ganztägig bedecktem Himmel ist es möglich, einen Sonnenbrand zu bekommen. Ich spreche hier aus Erfahrung. Eine Sonnencreme oder ein Sonnenspray, Sonnenbrille und eine Kopfbedeckung gehören zur Grundausstattung. Ein Lippenpflegestift mit Lichtschutzfaktor schützt zusätzlich vor ausgetrockneten Lippen.

Ein kleines **Erste-Hilfe-Set** darf in keinem Wanderrucksack fehlen. Diese gibt es fertig ausgestattet zu kaufen. Eine gute Ergänzung ist eine Trillerpfeife. Das Set deckt außerdem einen Teil der üblichen **Reiseapotheke** ab. Ergänzen sollten Sie Blasenpflaster, Insektenschutzmittel, Magnesiumtabletten, Schmerzgel und natürlich Ihre persönlichen Medikamente. Eine kleine Zeckenzange kann ebenfalls gute Dienste leisten, da ein großer Teil des Weges durch Wald und Wiesen führt.

Als **Hygieneartikel** habe ich stets eine Packung Feuchttücher und ein Handdesinfektionsmittel im Gepäck.

Der **Waschbeutel** bietet die Möglichkeit, Volumen und Gewicht zu sparen. Kaufen Sie Artikel wie Duschgel, Creme und Zahnpasta bevorzugt in kleinen Portionspackungen. Somit tragen Sie nur auf dem Rücken, was Sie tatsächlich für die Wanderung benötigen. Noch besser wäre allerdings die Nutzung von wiederverwendbaren kleinen Döschen und Fläschchen, die Sie mit den benötigten Mengen der jeweiligen Artikel füllen.

Bitte denken Sie daran, ein gültiges **Reisedokument** mitzuführen, entweder Reisepass oder Personalausweis. Ich habe mir zudem angewöhnt, eine Kopie des Reisedokuments zu machen und dieses getrennt vom Original aufzubewahren (Geldbeutel – Rucksack). Sicher ist sicher.

In den meisten Hotels ist die Bezahlung mit Maestro- oder Kreditkarte problemlos möglich. Dennoch sollten Sie immer ausreichend **Bargeld** mit sich führen. Auf den Almen und Jausenstationen unterwegs ist meist nur Barzahlung möglich. Behalten Sie im Auge, wo Geldautomaten (Bankomaten) zur Verfügung stehen und wo nicht. Dabei bietet dieser Wanderführer in den detaillierten Etappenbeschreibungen eine gute Hilfestellung.

Das **Mobiltelefon** ist mittlerweile ein fester Bestandteil des Lebens und auch jeder Wanderung. Es dient nicht nur zur Kommunikation, sondern kann auch als GPS-Gerät und Kamera eingesetzt werden. Alle, die gerne fotografieren sollten auf jeden Fall ihre **Kamera** einpacken, denn Motive finden sich im Überfluss. Ideal ist ein flexibler Zoombereich, der vom Weitwinkel bis zum mittleren Telebereich alles abdeckt. Ich bevorzuge bei reduzierter Ausrüstung ein 28-75 mm Objektiv. Bitte denken Sie auch an die passenden Ladegeräte und Ersatzbatterien.

Bei der Orientierung hilft Ihnen dieser **Wanderführer**. Optional kann dieser durch ein GPS-Gerät oder eine Wanderkarte ergänzt werden.

Der günstigste und wichtigste Ausrüstungsgegenstand zum Schluss: eine kleine **Mülltüte**! Bitte helfen Sie, die Natur zu schützen und zu erhalten. Auch die, die nach Ihnen wandern, möchten saubere Wege und Landschaften genießen. Am Ende jeder Etappe haben Sie die Möglichkeit, Ihren Müll ordnungsgemäß zu entsorgen.

Eine Bananenschale benötigt bis zu 2 Jahre, um sich vollständig zu zersetzen, ein Papiertaschentuch bis zu 5 Jahre und ein Zigarettenstummel sogar bis zu 7 Jahre. Bitte behalten Sie dies im Hinterkopf.

Diplomatische Vertretungen

Ⓓ Botschaft der Bundesrepublik Deutschland, Strohgasse 14c, 1030 Wien, ☏ +43/(0)1/71 15 40, 💻 www.wien.diplo.de, ✉ info@wien.diplo.de, 🚪 Mo, Mi-Fr 9:00-12:00, Di 13:00-16:00

(CH) Schweizerische Botschaft, Prinz Eugen-Straße 9a, 1030 Wien, ☏ +43/(0)1/795 05, 💻 www.eda.admin.ch/wien, ✉ wien@eda.admin.ch, 🚪 Mo-Fr 9:00-12:00

Einkaufen

In den meisten Etappenorten stehen ausreichend Einkaufsmöglichkeiten zur Verfügung. Es empfiehlt sich dennoch, immer einen kleinen Vorrat an Snacks für unterwegs dabei zu haben. Auf einigen Etappen gibt es unterwegs auch eine oder mehrere Einkehrmöglichkeiten wie Almen und Jausenstationen.

In Ötztal Bahnhof, vor Beginn der 1. Etappe, gibt es einen Supermarkt. Dort kann vor dem Start noch ein wenig Verpflegung eingekauft werden, wenn man im Vorfeld keine Zeit dazu hatte.

In den abgelegeneren Ortschaften wie Niederthai, Gaislach und Granstein hingegen gibt es keine Einkaufsmöglichkeiten. Hier sollte man vorab ausreichend Verpflegung einkaufen.

Eine Hilfestellung bietet dieser Wanderführer: Schauen Sie sich am besten am Vortag bereits die nächsten ein oder zwei Etappen kurz an, so können Sie bei Bedarf ausreichend vorsorgen.

Die Öffnungszeiten variieren ein wenig, je nach Supermarktkette. In der Regel haben alle Supermärkte zwischen 8.00 und 18:00 geöffnet. Manche öffnen etwas früher, andere schließen etwas später. Am Wochenende und an Feiertagen sind die Öffnungszeiten eingeschränkt.

Einreisebestimmungen

Für deutsche Staatsangehörige ist ein Reisepass oder Personalausweis zur Einreise nach Österreich notwendig. Dieser wird auch in den Unterkünften stets verlangt, da das Meldegesetz in Österreich sehr streng gehandhabt wird.

Für Kinder bis einschließlich 11 Jahre ist ein Kinderreisepass vorgeschrieben.

Elektrizität

Hier gibt es nichts Besonderes zu beachten. Die Steckdosentypen in Österreich entsprechen denen in Deutschland (C und F).

Essen und Trinken

Gaskocher und Fertiggerichte sind auf dem Ötztaler Urweg überflüssig. Eine Wanderung durch das Ötztal bedeutet auch, in den Genuss der typischen Tiroler Küche zu kommen.

Das Frühstück ist in nahezu allen Hotels inklusive und auf sportlich aktive Gäste ausgerichtet. Es werden energiereiche Speisen aufgetischt. Vor allem die Auswahl an Brot, Aufschnitt und Käse ist hervorragend, das meiste davon stammt aus lokaler und regionaler Produktion.

In den meisten Hotels gibt es zudem die Möglichkeit, durch einen Aufpreis die Halbpension in Anspruch zu nehmen. Diese fällt in der Regel sehr großzügig aus: Salatbüffet, Suppe, verschiedene Hauptgänge zur Auswahl und ein Dessert. Eine vegetarische Option ist immer dabei. In den meisten Etappenorten steht außerdem eine Vielzahl an Restaurants und Gasthöfen zur Auswahl.

Es liegen zahlreiche Almen, Jausenstationen und auch eine Berghütte auf dem Weg. Hier bekommen Sie einfache, schmackhafte und typische Tiroler Gerichte. Ob Kasspatzln (Käsespätzle), Knödelvariationen sowohl mit Salat als auch in der Suppe, Tiroler Gröstl oder auch Schnitzel, jeder entdeckt schnell sein Tiroler Lieblingsgericht. Bei den Süßspeisen ragen die selbst gemachten Apfelstrudel und Kuchen heraus, oftmals basierend auf uralten Familienrezepten. Den Alpenklassiker Kaiserschmarrn sollten alle mal versucht haben.

Auf der Getränkekarte gibt es eine Auswahl regionaler Biere. Aufgrund ihrer erfrischenden Wirkung sind während einer Wanderung auch die Saftschorlen sehr beliebt (Apfel, Johannisbeere, Himbeere und andere), wobei man hier den jeweiligen Saft „gespritzt" bestellt. Nach dem Essen steht noch eine feine Auswahl an Digestifs bereit. Einer der beliebtesten ist der Zirbenlikör, kurz „Zirbe" genannt. Diesen setzen viele Gasthöfe und Almen selbst an.

Wer spezielle Anforderungen hat, sei es vegane, glutenfreie oder laktosefreie Küche, der sollte sich im Vorfeld mit den Unterkünften in Verbindung setzen. Während viele Hotels diese Wünsche erfüllen können, so gestaltet sich dies auf den meisten Almen und Jausenstationen eher schwierig. Am besten freundlich nachfragen, aber bitte zeigen Sie Verständnis, wenn es nicht möglich sein sollte. Diese Betriebe arbeiten unter erschwerten Bedingungen hinsichtlich der Logistik und Zubereitung der Speisen.

Etappen

Der Ötztaler Urweg besteht aus zwölf regulären Etappen. Hinzu kommt eine alternative Etappe als Umgehung der hochalpinen 6. Etappe von Obergurgl nach Vent. Diese führt von Obergurgl nach Zwieselstein durch weniger anspruchsvolles Gelände. Von Zwieselstein können Sie anschließend mit der Buslinie 8400 nach Vent gelangen (siehe Verkehrsmittel unterwegs), um dort am nächsten Tag wieder an den regulären Wegverlauf anzuknüpfen. Diese alternative Etappe ist empfehlenswert, wenn Sie wenig Erfahrung im Wandern im hochalpinen Gelände (schwarze Bergwege, teilweise versichert) haben. Aber auch wenn Sie geübt im Bergwandern sind, ist die Etappe eine sinnvolle Option, falls die Wetterverhältnisse unsicher sind oder im Frühsommer noch viele Altschneefelder zu überqueren sind. Diese Alternative wird bei den Etappenbeschreibungen ausführlich vorgestellt.

Außerdem gibt es zwei Etappen, bei denen eine Aufteilung in jeweils zwei einzelne Etappen denkbar ist. Die 5. Etappe von Sölden nach Obergurgl kann in Etappen von Sölden nach Zwieselstein (4,5 km) und von Zwieselstein nach Obergurgl (9,7 km) aufgeteilt werden. Dies macht Sinn, wenn Sie in Sölden oder Obergurgl mehr Zeit zur Verfügung haben möchten, sei es zur Erholung (z. B. Freizeit Arena Sölden) oder für die Fahrt mit einer der Bergbahnen. In Sölden bietet sich der Gaislachkogel an, mit dem 007 Elements oder dem Restaurant Ice Q.

In Obergurgl ist die Fahrt mit der Hohe Mut Bahn zur gleichnamigen Alm möglich, mit anschließender Wanderung durch das Rotmoostal über die Schönwieshütte und durch den Zirbenwald zurück nach Obergurgl. Eine landschaftlich wunderschöne Wanderung, ideal für einen halben Tag und eine Auszeit vom Fernwandern. Kurz vor Obergurgl besteht die Möglichkeit, mit der Hochgurglbahn und dem Top Wurmkogl Sessellift (nur Di, Do, Fr) zu einem der schönsten Aussichtsplätze des Ötztals hinaufzufahren. Die Übernachtung im beschaulichen und ruhigen Zwieselstein ist ein Bonus. Sollten Sie eine dieser Aktivitäten in Betracht ziehen, dann ist die Übernachtung in einem Partnerbetrieb der Ötztal Inside Summer Card sinnvoll (☞ Ötztal Inside Summer Card).

Auch die 6. Etappe, von Obergurgl nach Vent ist in zwei einzelne Etappen teilbar. Sie ist mit 1.416 Hm Aufstieg, 1.378 Hm Abstieg und über 15 km Wegstrecke konditionell sehr fordernd, zumal sie durch schwieriges Gelände führt und viel Konzentration erfordert. Eine Übernachtung im Ramolhaus auf 3.006 m Höhe entschärft diese Herausforderung ungemein (☞ Unterkunft-Hüttenübernachtung).

Tag	Zielort	Strecke	Höhenmeter	
1	Oetz	10,2 km	↑ 463 m	↓ 316 m
2	Niederthai	17,9 km	↑ 1.125 m	↓ 386 m
3	Längenfeld	13,3 km	↑ 407 m	↓ 794 m
4	Sölden	19,1 km	↑ 1.108 m	↓ 930 m
5	Obergurgl	14,4 km	↑ 880 m	↓ 370 m
6	Vent	15,6 km	↑ 1.416 m	↓ 1.378 m
(V6)	Zwieselstein	11,4 km	↑ 704 m	↓ 1.157 m
7	Gaislach	15,9 km	↑ 1.077 m	↓ 998 m
8	Granstein	13,5 km	↑ 340 m	↓ 858 m
9	Längenfeld	15,8 km	↑ 557 m	↓ 797 m
10	Umhausen	14,5 km	↑ 535 m	↓ 644 m
11	Sautens	14,5 km	↑ 526 m	↓ 730 m
12	Ötztal Bahnhof	15,5 km	↑ 259 m	↓ 426 m

Geld

In Tirol wird der Geldautomat als „Bankomat" bezeichnet. In fast allen Etappenorten steht mindestens ein Geldautomat zur Verfügung (diese Orte sind mit dem Symbol BANK markiert). Die Ausnahmen sind Gaislach und Granstein. Sie sollten also spätestens in Vent (vor der 7. Etappe) darauf achten, genügend Bargeld für die nächsten 3 Tage mitzuführen. Den nächsten Geldautomaten gibt es erst in Längenfeld, am Ende der 9. Etappe.

In den Hotels und Restaurants in den Etappenorten ist in der Regel die Zahlung mit Kredit- und Maestro-Karte möglich. Ausnahmen gibt es hierbei lediglich in einigen kleineren Pensionen oder Gasthöfen.

Auf den Almen und Berghütten hingegen ist meist nur Barzahlung möglich.

Bitte vergewissern Sie sich vorab bei Ihrer Bank, ob und bis zu welchem Betrag Ihre Karte für Zahlungen im Ausland freigeschaltet ist.

Gepäckservice

Wandern mit leichtem Tagesgepäck und zusätzlichem Transport des schweren Gepäcks (bis maximal 20 kg) ist bei Buchung einer Wanderpauschale möglich. Diese erfolgt über das Ötztaler Urweg Info- und Buchungscenter auf 💻 www.oetztal.com (☞ Wanderpauschalen). Die Kosten für den Mobilitätsservice (nur in Verbindung mit der Wanderpauschale) belaufen sich auf ca. € 250 für den gesamten Ötztaler Urweg mit seinen 12 Etappen.

GPS

Die GPS-Tracks der einzelnen Etappen können Sie auf der Internetseite des Verlags (💻 www.conrad-stein-verlag.de) herunterladen.

📖 Tipps zum Umgang mit dem GPS-Gerät finden Sie in dem Ratgeber „**GPS** – *Grundlagen · Tourenplanung · Navigation*" von Michael Hennemann, Conrad Stein Verlag, ISBN 978-3-86686-495-5, € 9,90

Hunde

Grundsätzlich ist der Weg auch für Hunde gut machbar. Je nach Bergtauglichkeit und Größe des Hundes sollten Sie allerdings in Betracht ziehen, die Etappe über das Ramoljoch zu umgehen. Bedenken Sie aber bitte, dass der Weg streckenweise über asphaltierte Feldwege und durch Ortschaften führt. Hier müssen Sie selbst einschätzen, wie gut Ihr Hund im Sommer mit dem heißen Untergrund zurechtkommt.

In den Unterkünften sollten Sie im Vorfeld abklären, ob und zu welchen Konditionen Hunde willkommen sind. Bei den meisten ist dies gegen Zahlung einer zusätzlichen Reinigungsgebühr kein Problem.

Bitte achten Sie darauf, den Hund auf Almwiesen und Weideflächen an der kurzen Leine zu führen. Begegnungen mit Weidevieh sollten unbedingt vermieden werden. In den öffentlichen Verkehrsmitteln besteht eine Maulkorbpflicht.

Für die Einreise nach Österreich sind der EU-Heimtierausweis, deutlich lesbare Markierung (Mikrochip oder Tätowierung) und aktuelle Tollwutimpfung vorgeschrieben. In der Praxis wird dies aber äußerst selten kontrolliert.

Informationen

Weiterführende Informationen zum Ötztal, den jeweiligen Etappenorten, den Sehenswürdigkeiten am Weg und dem Ötztaler Urweg selbst, finden Sie auf der Internetseite von Ötztal Tourismus: 💻 www.oetztal.com.

✋ Wichtig sind vor allem die aktuellen Updates zum Streckenverlauf. Da der Urweg vielerorts durch sensibles Gelände verläuft, kann es gelegentlich zu vorübergehenden Umleitungen auf einzelnen Etappen kommen. Diese werden stets auf der Internetseite kommuniziert.

Karten

Aufgrund der Karten und detaillierten Wegbeschreibungen in diesem Buch sowie der umfangreichen Ausschilderung vor Ort ist zusätzliches Kartenmaterial eigentlich nicht notwendig.

Wer sich dennoch sicherer fühlt mit einer Wanderkarte im Gepäck, dem sei folgende Karte von KOMPASS empfohlen. Es fehlen hier lediglich kleinere Teile der 1. Etappe und der 12. Etappe, die allerdings durch besiedeltes Gebiet führen.

Ötztaler Alpen, Ötztal, Pitztal - Nr. 43 (Maßstab 1:50.000, ISBN 978-3-99044-440-5, € 11,99)

Vom Tourismusverband Ötztal Tourismus gibt es eine kostenfreie Infobroschüre zum Ötztaler Urweg. Diese enthält eine weniger detailreiche Karte, die aber einen guten Überblick vermittelt.

☺ Die Kartenempfehlungen wurden von der Geobuchhandlung Kiel überprüft. 💻 www.geobuchhandlung.de

Kinder

Der Ötztaler Urweg ist für wander- und bergerfahrene Kinder ab 12 Jahren machbar, eine gute Kondition und solide Trittsicherheit vorausgesetzt. Der schwierigste Teil ist der Aufstieg von Obergurgl über das Ramolhaus und Ramoljoch mit anschließendem Abstieg nach Vent. Wenn Sie sich hier unsicher sind, dann sollten Sie die alternative Etappe wählen. Dennoch müssen Sie bedenken, dass die meisten Etappen sehr lang sind und einige auch die Überwindung vieler Höhenmeter voraussetzen. Die größte Schwierigkeit für Kinder stellt wohl die Motivation dar.

Körperliche Voraussetzungen

Der Weg führt zwar überwiegend durch das Tal und den Bergwald in mittleren Höhenlagen, dennoch warten auch Etappen mit hochalpinem Charakter. Der höchste Punkt, das Ramoljoch, liegt auf 3.189 m Höhe und setzt gute Kondition, absolute Trittsicherheit und Schwindelfreiheit voraus. Einige Stellen sind hier mit Stahlseilen versichert. Diese Etappe kann allerdings umgangen werden (☞ Etappen).

Eine elementare Trittsicherheit, gute Kondition und ein wenig Orientierungsvermögen sind auch für die meisten anderen Etappen erforderlich.

Zur Vorbereitung empfiehlt es sich, einige Tages- oder Wochenendtouren mit möglichst vielen Höhenmetern und einem Rucksackgewicht von ca. 10 kg zu unternehmen.

Für den Spaß an einer Fernwanderung ist das Rucksackgewicht einer der entscheidenden Faktoren. Hier gilt: Nur das Nötigste mitnehmen (☞ Ausrüstung).

Laufrichtung

Der Ötztaler Urweg ist darauf ausgerichtet, im Uhrzeigersinn begangen zu werden, also mit dem Start von Ötztal Bahnhof nach Oetz. Der Weg ist nur in dieser Laufrichtung ausgeschildert, um Verwirrungen zu vermeiden. Hinzu kommt ein sanfterer Start, da die 1. Etappe nur 10,3 km lang ist, während andersherum direkt am Anreisetag fast 20 km zu bewältigen wären. Auch was die Ausblicke betrifft, macht eine Begehung in der regulären Laufrichtung mehr Sinn.

Markierung

Der Ötztaler Urweg ist mit einer roten 12 auf weißem Hintergrund markiert. Die Zahl 12 steht hierbei für die Anzahl der Etappen dieser Fernwanderung. Die Wegmarkierungen sind überwiegend auf bestehenden Wanderschildern angebracht, teilweise aber auch direkt an Bäumen. In der Regel ist die Richtung hierbei durch das Wanderschild selbst vorgegeben, bei Markierungen an Bäumen oder vereinzelt auch Zäunen ist zusätzlich unter der 12 ein roter Pfeil auf weißem Hintergrund angebracht.

Auf manchen abgelegeneren Wegstücken, durch den Bergwald oder im alpinen Gelände, sind die speziellen Urweg-Markierungen recht selten. Hier folgen Sie bitte den üblichen alpinen Wegmarkierungen in rot-weiß, angebracht auf Steinen und Bäumen.

Es gibt einige Stellen, an denen die Ausschilderung nicht ganz eindeutig ist. Diese werden in der Etappenbeschreibung besonders hervorgehoben und detailliert geschildert.

✋ Der genaue Wegverlauf des Ötztaler Urweges wird sehr aktiv gestaltet und unterliegt immer noch gelegentlichen Optimierungen. Hin und wieder sind auch kleinere Umleitungen aufgrund von Umwelteinflüssen, wie z. B. Hochwasser oder Murenabgänge, notwendig. Sollten Ihnen Abweichungen zwischen der Wegbeschreibung in diesem Wanderführer und der Wegführung vor Ort auffallen, dann melden Sie diese gerne dem Verlag: info@conrad-stein-verlag.de.

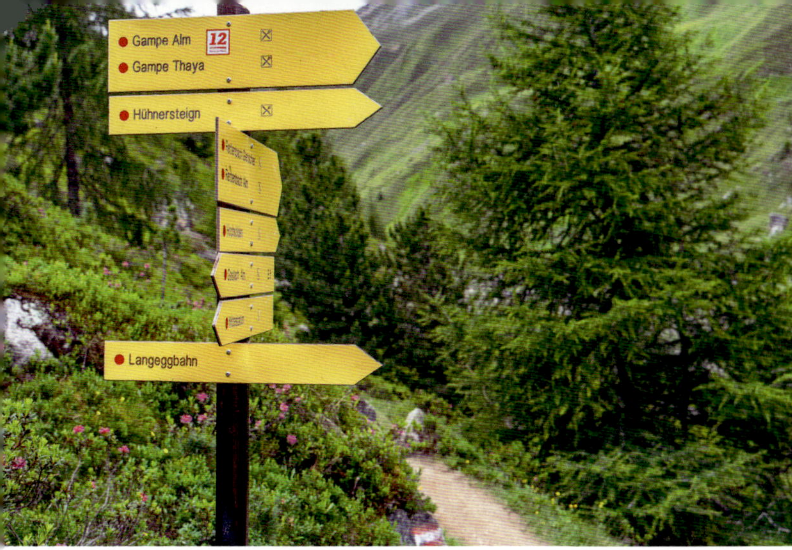

Der Ötztaler Urweg ist mit einer roten 12 auf weißem Hintergrund markiert

Medizinische Versorgung

Die medizinische Versorgung im Ötztal ist sehr gut. In den meisten Etappenorten stehen Praxen für Allgemein- und Sportmedizin zur Verfügung. Apotheken finden sich in Oetz, Längenfeld und Sölden. Für eventuelle Notfälle außerhalb der Siedlungsgebiete ist die Bergrettung zuständig.

Eine Mitgliedschaft beim Alpenverein ist empfehlenswert, da diese auch eventuelle Bergungskosten im Gelände (inkl. Helikopter) absichert. Die meisten Auslandskrankenversicherungen beinhalten dies nicht.

Notruf

Die Notrufnummer 112 gilt europaweit und somit auch in Tirol. Die lokale Bergrettung ist unter der 140 zu erreichen.

Öffnungszeiten

Sämtliche Öffnungszeiten in diesem Wanderführer wurden gründlich recherchiert und bestätigt. Es kann dennoch zu Abweichungen kommen, vor allem was den Saisonbeginn und das Saisonende betrifft.

Durch die alpine Lage in den Ötztaler Alpen orientieren sich die Saisonzeiten am Wetter. So wird beispielsweise nach einem schneereichen Winter später geöffnet oder bei einem verfrühten Wintereinbruch bereits früher geschlossen. Auch die Ruhetage der Almen können sich von Saison zu Saison oder teilweise sogar während dieser verschieben. Sollten Sie eine bestimmte Alm oder andere Lokalität unbedingt besuchen wollen, dann lassen Sie sich am besten vor dem Besuch die aktuellen Öffnungszeiten bestätigen.

Ötztal Inside Summer Card

Die Ötztal Inside Summer Card ist während der Sommersaison gültig (Ende Mai bis Anfang Oktober). Viele Übernachtungsbetriebe bieten die Karte als Inklusivleistung an. Mit der Ötztal Inside Summer Card kommen Sie in den Genuss vielfältiger Zusatzleistungen: kostenlose Nutzung des öffentlichen Linienverkehrs und Nachlass auf die Wanderbusse im gesamten Ötztal, freier Eintritt in das Ötzi-Dorf, den Greifvogelpark, das Heimatmuseum, das Turmmuseum und in die Schwimmbäder im Ötztal, inklusive des Wasserparks der Area 47 und des Aqua Dome in Längenfeld. Außerdem berechtigt die Ötztal Inside Summer Card zur kostenlosen Nutzung der Bergbahnen. Pro Tag und Bergbahn ist eine Berg- und Talfahrt frei.

Es ist wichtig, die Gültigkeit der Karte zu beachten: Sie gilt ab dem 2. Urlaubstag (also **nicht** am Anreisetag).

Auf den Ötztaler Urweg und einen Aufenthalt von lediglich einer Nacht pro Ort bezogen bedeutet dies, dass die Karte jeweils am Abreisetag gültig ist. Wenn Sie bei der Planung Ihres Abenteuers auf dem Urweg also einen speziellen Programmpunkt im Auge haben, zum Beispiel die Fahrt mit der Hohe Mut Bahn auf die Hohe Mut nach der Ankunft in Obergurgl, dann müssen Sie bereits in Sölden nach einem Übernachtungsangebot inklusive Ötztal Inside Summer Card schauen (**also am Vortag**).

Mehr Informationen und eine detaillierte Auflistung aller Inklusivleistungen finden Sie auf der Internetseite von Ötztal Tourismus:

www.oetztal.com/de/sommer/oetztal-inside-summer-card.

Post, Telefon und Internet

Postfilialen und -shops gibt es in Ötztal Bahnhof, Oetz, Längenfeld, Sölden, Obergurgl, Umhausen, Sautens und Haiming. Auch die einfachen Briefkästen finden sich immer wieder am Weg. Viele Hotels übernehmen das Abschicken einer Postkarte gerne für Sie.

Um aus dem Ausland eine österreichische Telefonnummer zu erreichen (z. B. für die Reservierung), wählen Sie die Ländervorwahl +43, gefolgt von der Ortsvorwahl (ohne die 0). Eine Telefonnummer innerhalb Österreichs erreichen Sie mit der 0 plus Ortsvorwahl vor der eigentlichen Nummer.

Der Empfang ist sowohl für Telefon als auch für mobile Daten während nahezu der gesamten Wanderung gewährleistet. Lediglich auf den hochalpinen Etappen und tief im Bergwald kann dieser vorübergehend gestört werden. Die meisten Unterkünfte in den Etappenorten bieten kostenfreies WLAN. Ausnahmen stellen hier nur einige der kleinen Gasthöfe und das Ramolhaus dar.

In den Tourismusinformationen in Längenfeld und Vent steht jeweils ein PC mit Internet zur kostenfreien Nutzung bereit. In der Freizeit Arena Sölden gibt es ein kostenpflichtiges Internetcafé.

Radfahrer

Das Ötztal bietet vielfältige Möglichkeiten für diejenigen, die mit dem Rad fahren möchten – von zahlreichen Downhill-Strecken in der „Bike Republic Sölden" bis hin zum Ötztal Radweg, der sich über 52 km von Haiming bis nach Sölden erstreckt. Vereinzelte Abschnitte decken sich zwar mit dem Ötztaler Urweg, dennoch ist dieser im Ganzen nicht zum Radfahren geeignet.

✋ Auf Wegabschnitten, die sowohl zum Wandern als auch zum Radfahren genutzt werden, bitte mit der nötigen Aufmerksamkeit und Rücksicht unterwegs sein.

Reisezeit

Der ideale Zeitraum für diese Wanderung ist von Ende Juni bis Mitte September. Dies ist wichtig, wenn der Ötztaler Urweg in voller Länge gewandert werden soll, denn auf den hochalpinen Etappen kann im Frühsommer noch viel Schnee liegen, was die Schwierigkeit und das Risiko deutlich erhöht. Außerdem ist in dieser Zeit das Ramolhaus geöffnet, was eine Aufteilung der sehr langen und schwierigen 6. Etappe in zwei einzelne Etappen ermöglicht (☞ Etappen). Auf jeden Fall sollten Sie sich vorher über die Bedingungen auf dem Ramolhaus und Ramoljoch informieren. Bei viel Altschnee ist die Umgehung dieser Etappe in Betracht zu ziehen (☞ Etappen).

Die meisten Hotels und Gasthöfe in den Etappenorten im Tal haben ab Anfang Juni und in der Regel bis in den Oktober hinein geöffnet. Wer also einzelne Etappen wandern möchte, kann in den niedrigeren Lagen bereits im Frühsommer beginnen. Die meisten dieser Etappen sind dann auch im Herbst noch möglich.

Die Ötztal Inside Summer Card ist von Ende Mai bis Anfang Oktober gültig (☞ Ötztal Inside Summer Card).

Unterkunft

In allen Etappenorten stehen Hotels, Gasthöfe, Pensionen und private Gästezimmer zur Verfügung.

✋ Die Begriffe Gasthaus und Gasthof sind nicht eindeutig definiert. Einige bieten ausschließlich Speisen an, andere hingegen auch Übernachtungsmöglichkeiten.

Das Ötztal ist touristisch sehr erschlossen und beliebt, daher ist es kein günstiges Ziel. Die Übernachtungspreise in der Hauptsaison starten bei ca. € 50,00 pro Nacht. Nach oben gibt es kaum eine Grenze. Es ist interessant zu beobachten, dass kleine Pensionen häufig sogar teurer sind als größere Hotels. Vermutlich ist es auf die Tatsache zurückzuführen, dass die kleineren Gasthöfe und Pensionen eher auf wochenweise Vermietung ausgelegt sind und hohe Kurzaufenthaltszuschläge verlangen. Ein genauer Preisvergleich lohnt sich auf jeden Fall, denn oftmals ist ein komfortables Zimmer inklusive Halbpension in einem Hotel am Ende günstiger als die einfache Pension.

Die Kurtaxe in Höhe von € 3,50 pro Person und Nacht wird von Ötztal Tourismus erhoben und ist zum Übernachtungspreis dazuzurechnen.

Oftmals werden die Zimmer bevorzugt an Gäste vermietet, die einen längeren Aufenthalt planen. Aus diesem Grund kann es passieren, dass Zimmer zu einem bestimmten Termin nicht für eine Nacht vermietet werden. Betriebe, die grundsätzlich nicht für eine Nacht vermieten, wurden aus den Empfehlungen in diesem Wanderführer ausgeschlossen. In den meisten Unterkünften wird allerdings ein Kurzaufenthaltszuschlag erhoben. Die Höhe variiert von Betrieb zu Betrieb. Die im Wanderführer angegebenen Preise sind für einen Kurzaufenthalt gültig, sie beinhalten den Aufpreis bereits.

✋ Anders als in Deutschland üblich, werden in Österreich die Preise meistens pro Person angegeben. Bitte achten Sie bei Zimmerbuchungen stets auf den exakten Wortlaut, um eine plötzliche Preisverdopplung zu verhindern.

Personen, die alleine reisen, werden häufig in Doppelzimmern untergebracht, da es in vielen Hotels nicht ausreichend Einzelzimmer gibt. In diesen Fällen wird meist ein Einzelzimmerzuschlag erhoben.

Das Ötztal ist im Sommer bei Weitem nicht so überlaufen wie im Winter, aber es haben auch nicht alle Übernachtungsbetriebe geöffnet. Daher ist die Auslastung in der Regel sehr hoch. Eine frühzeitige Reservierung der Unterkünfte ist empfehlenswert. Vor allem in den kleinen Ortschaften Gaislach und Granstein ist das Übernachtungsangebot sehr limitiert. Hier kann es unter Umständen sogar nötig sein, auf Sölden auszuweichen.

Wenn Sie sich für die Aufteilung der langen Etappe Obergurgl – Vent in zwei einzelne Etappen entscheiden (☞ Etappen), dann kommen Sie in den Genuss einer ganz besonderen Übernachtung. Hier wartet das Ramolhaus, die älteste Schutzhütte des Ötztals, auf 3.006 m. Ein Sonnenaufgang mit Gletscherblick ist inklusive. Für Alpenvereinsmitglieder gibt es Vergünstigungen.

Basislager

Es besteht die Möglichkeit, einen Großteil der Etappen mit leichtem Tagesgepäck anzugehen, ohne eine Wanderpauschale mit Gepäcktransport zu buchen. Das Explorer Hotel Ötztal bietet sich als ideales Basislager an. Das moderne Hotel mit nachhaltigem Konzept bietet ein großartiges Gesamtpaket für: ein umfangreiches und energiereiches Frühstücksbüffet, kostenfreies WLAN, günstige Lage in der Nähe eines Supermarkts und Restaurants, gut erreichbare Bushaltestelle („Gh Andreas Hofer", 400 m vom Hotel entfernt) und eine sehr entspannte Stimmung im Hotel.

Die zentrale Lage innerhalb des Ötztals in Umhausen ist ein weiterer Vorteil. Für fast alle Etappen ist die Anreise zum Startpunkt und die Rückreise vom Etappenziel zum Hotel problemlos möglich. Der öffentliche Nahverkehr ist hervorragend ausgebaut und fährt regelmäßig. Lediglich von Niederthai, Vent und Gaislach gestaltet es sich komplizierter, da die Wanderbusse zu und von diesen Ortschaften sehr selten verkehren. Hier müssen Sie im Vorfeld auf jeden Fall den Fahrplan prüfen und die letzte Rückfahrmöglichkeit unbedingt erreichen. Andernfalls können Sie diese Etappen auch mit vollem Gepäck wandern und ganz entspannt am Zielort übernachten.

In Granstein selbst gibt es zudem keine Bushaltestelle. Den höher gelegenen Ortsteil können Sie allerdings von der Bushaltestelle „Sölden Mühlau", die an der Hauptstraße liegt, über eine kleine Straße erreichen. Die Entfernung beträgt 1,4 km.

🛏 Explorer Hotel Ötztal, Gscheat 14, 6441 Umhausen, ☏ +43/(0)52 55/20 60 10, 💻 www.explorer-hotels.com/oetztal, ÜF EZ ab € 75, DZ ab € 110. Das moderne Hotel ist perfekt auf sportlich aktive Gäste eingestellt.

Hüttenübernachtung

Sonnenaufgang auf dem Ramolhaus

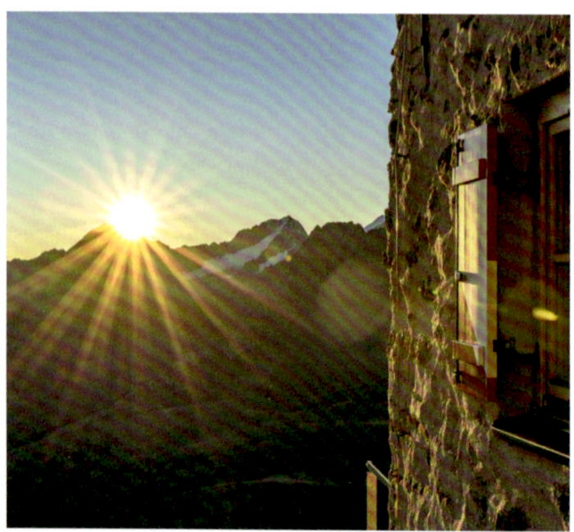

Das Ramolhaus selbst ist für viele der Höhepunkt des Ötztaler Urweges. Die Hütte wird nicht zu Unrecht als „Adlernest" bezeichnet. Sie liegt sehr exponiert direkt gegenüber dem Gurgler Ferner mit Blick auf die faszinierende Bergwelt der Ötztaler Alpen. Der Sonnenuntergang und Sonnenaufgang mit Blick auf den Gletscher sind ein unvergessliches Erlebnis.

Die Reservierung für das Ramolhaus erfolgt über dessen Pächter, das Hotel Edelweiss & Gurgl in Obergurgl.

Ramolhaus, 6456 Obergurgl, ☎ +43/(0)52 56/62 23 (Reservierung) und +43/(0)6 64/859 76 94 (Hüttenwirt), www.edelweiss-gurgl.com, info@edelweiss-gurgl.com, Ü Zimmer ab € 28, Matratzenlager ab € 22, Vergünstigungen für Alpenvereinsmitglieder

☺ Bei Übernachtung auf der Hütte gilt es noch einige Punkte zu beachten. Bei Buchung eines Schlafplatzes im Zimmer wird Bettwäsche zur Verfügung gestellt. Wenn Sie den günstigeren Schlafplatz im Matratzenlager buchen, dann muss ein Schlafsack mitgebracht werden. Denken Sie bitte daran, dass auf der Hütte ausschließlich Barzahlung möglich ist.

Es stehen zwar Waschräume zur Verfügung, allerdings keine Duschen. Hierfür sollten Sie ein Mikrofaserhandtuch mitführen. Sollten Sie besondere Anforderungen haben, was das Essen betrifft (vegetarisch, vegan, glutenfrei etc.), dann klären Sie dies bitte im Vorfeld mit dem Hüttenwirt ab. Haben Sie bitte Verständnis, wenn manche Wünsche aufgrund der schwierigen Logistik auf der Hütte nicht erfüllt werden können.

Aufgrund der begrenzten Schlafplätze ist eine rechtzeitige Reservierung dringend zu empfehlen, vor allem bei geplanten Übernachtungen während der Ferienzeiten und an Wochenenden.

Updates

Der Conrad Stein Verlag veröffentlicht Updates zu diesem Buch, die direkt vom Autor oder von den Lesern dieses Buches stammen. Sie finden diese auf der Verlagshomepage 💻 www.conrad-stein-verlag.de. Der abgebildete QR-Code führt Sie direkt dorthin.

Verkehrsmittel unterwegs

Der öffentliche Nahverkehr ist zwischen Ötztal Bahnhof und Obergurgl sehr gut ausgebaut und verkehrt regelmäßig. Je nach Tageszeit fahren die Busse der Linien 4194 und 8352 bis zu vier Mal pro Stunde. Die Linie 8400 von Sölden über Zwieselstein nach Vent hingegen verkehrt überwiegend im Stundentakt. Der Wanderbus zwischen Umhausen und Niederthai fährt lediglich vier Mal täglich. Der private Wanderbus von Sölden (Gaislachkogelbahn) nach Gaislach verkehrt nur zwei Mal pro Tag und nur in der Hauptsaison (Mitte Juli bis Ende September). Hier können Sie notfalls auf ein reguläres Taxi zurückgreifen.

Bitte achten Sie darauf, dass die Fahrpläne sehr viel Kleingedrucktes enthalten und es verschiedene Variationen gibt. Es gibt Haltestellen, die nicht von allen Fahrten bedient werden. Die Fahrpläne sind saisonabhängig, daher bitte unbedingt auf das Gültigkeitsdatum achten.

Detaillierte Fahrpläne finden Sie unter:

💻 www.oetztaler.at (Ötztaler-Linienverkehr im Ötztal)
💻 www.oetztal.com (Wanderbus Niederthai)
💻 www.gaislachalm.com (Wanderbus Gaislach)

Mit der Ötztal Inside Summer Card ist der öffentliche Nahverkehr (Linienbusse) kostenfrei, mit der regulären Gästekarte erhalten Sie 50 % Nachlass auf den Fahrpreis. Für die Wanderbusse wird mit der Ötztal Inside Summer Card ein Nachlass gewährt.

Wanderpauschalen

Es besteht die Möglichkeit, den gesamten Ötztaler Urweg oder auch nur einzelne Etappen als Wanderpauschale zu buchen. Hierbei werden zahlreiche Auswahlmöglichkeiten geboten: Zimmerstandard, Verpflegungsart, Mobilitätsservice, Begleitung durch einen Wanderführer, mitreisende Hunde, etc. Innerhalb weniger Sekunden wird ein passendes Angebot gemäß Ihrer Auswahl errechnet.

Bei Bedarf kann vorab auch eine persönliche Beratung stattfinden. Detaillierte Informationen zur Wanderpauschale erhalten Sie auf der Internetseite von Ötztal Tourismus 💻 www.oetztal.com.

Bitte beachten Sie: Bei der Buchung einer Wanderpauschale entfällt die Hochgebirgsetappe von Obergurgl über das Ramoljoch nach Vent. Diese wird durch die alternative Etappe von Obergurgl nach Zwieselstein ersetzt. Anschließend erfolgt ein Transfer nach Vent, wo die Wanderung am nächsten Tag fortgesetzt wird.

Weidevieh

Da weite Strecken auf dem Urweg durch Almgelände und auch über talnahe Weideflächen führen, kommt es regelmäßig zu Begegnungen mit Weidevieh. Bitte halten Sie sich hierbei an die üblichen Sicherheitsvorkehrungen. Umgehen Sie, wenn möglich, die Tiere mit ausreichend Abstand und halten Sie sich auf jeden Fall von Jungtieren fern. Sollten Sie mit einem Hund unterwegs sein, dann nehmen Sie diesen auf Weideflächen bitte unbedingt an die kurze Leine. Im Notfall lassen Sie die Leine allerdings los, denn der Hund ist schneller als die Kühe – Sie vermutlich nicht!

Wetter

Vor allem auf den Etappen durch alpines Gelände müssen Sie die Wetterlage beachten und sich kurzfristig über die voraussichtliche Entwicklung informieren. Bei ungünstigen Bedingungen sollte vor allem die hochalpine Etappe von Obergurgl über das Ramolhaus nach Vent besser umgangen werden (☞ Etappen). Auch wenn die Etappen stets in Ortschaften enden, so führen diese unterwegs teils über mehrere Stunden durch ungeschütztes Gelände. Plötzliche Wetterumschwünge sind in den Alpen keine Seltenheit. Behalten Sie das Wetter daher stets im Auge.

Im Sommer ist ein früher Start empfehlenswert, da in der Regel am Nachmittag die Gewittergefahr deutlich ansteigt.

Aktuelle Informationen des alpinen Wetterdienstes erhalten Sie unter den folgenden Nummern mittels Tonansage:

- Alpenverein, ☏ +49/(0)89/29 50 70
- Österreich, ☏ +43/(0)9 00/91 15 66 80

Im Internet finden Sie die benötigten Informationen hier:

- 💻 www.bergfex.at/oesterreich/wetter
- 💻 www.alpenverein.at/wetter
- 💻 wetter.orf.at/tirol
- 💻 www.alpenverein.de/DAV-Services/Bergwetter

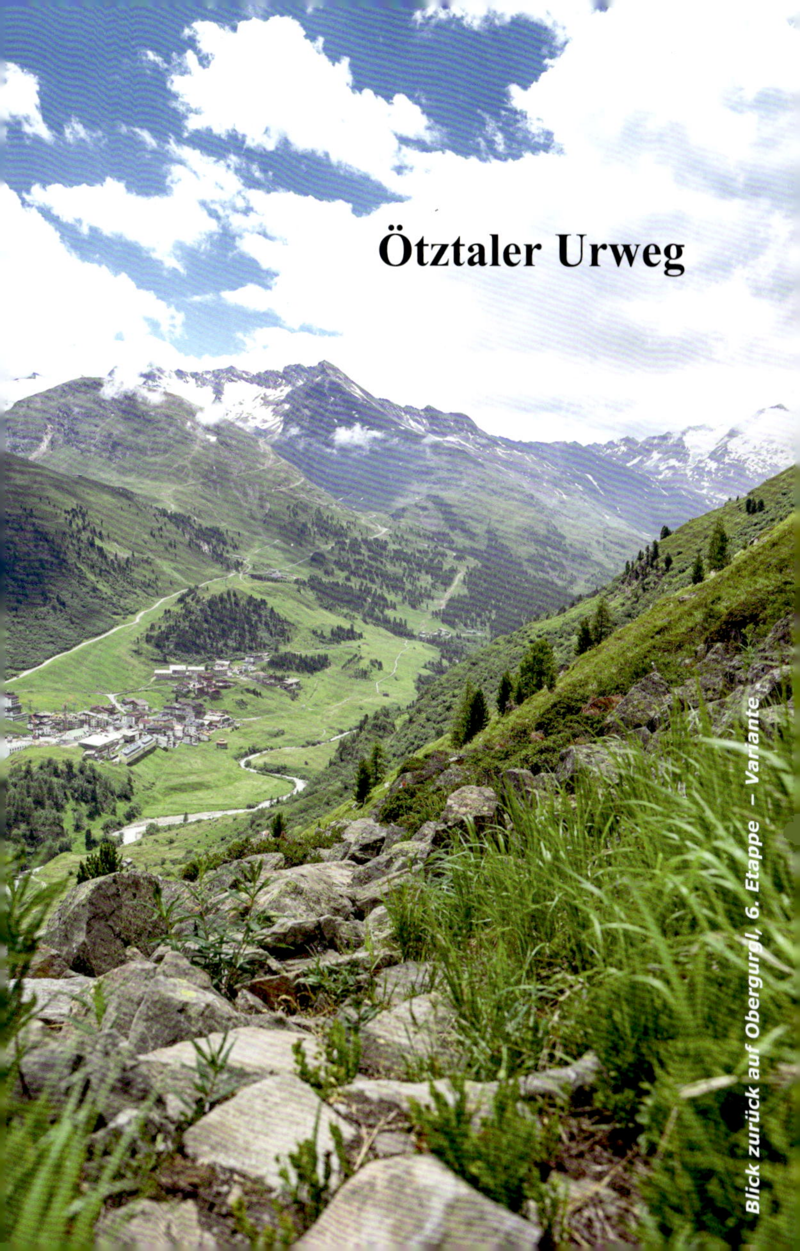

Blick zurück auf Obergurgl, 6. Etappe – Variante

Ötztal Bahnhof

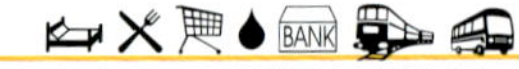

Aktiv Hotel Ötztal, Bahnhofplatz 4, 6430 Ötztal Bahnhof, ☏ +43/(0)52 66/871 67, www.hammerle-hotels.at/aktivhotel, info@hammerle-hotels.at, ÜF EZ € 48, DZ € 75, einfaches Hotel direkt am Bahnhof, ideal für eine Vorübernachtung bei später Ankunft

Günther's Grill, Ambergstraße 3, 6430 Ötztal Bahnhof, ☏ +43/(0)52 66/881 97, www.guenthers-grill.at, Mo-Fr 11:00-15:00 und 17:00-22:00, Sa und So geschlossen, große Auswahl an frischen Gerichten vom Grill

♦ madre's Bistro & Bar, Bahnhofplatz 4, 6430 Ötztal Bahnhof, ☏ +43/(0)6 64/247 74 20, www.madres.at, Mo-So 8:00-23:00, Restaurant mit Biergarten, Mo-Fr gibt es ein Mittagsmenü mit Suppe und Hauptgang für € 8,50

Das kleine Dorf Ötztal Bahnhof gehört zur Gemeinde Haiming und bildet den Eingang in das Ötztal. Durch seine Anbindung an die Inntalautobahn und den Bahnhof mit Anschluss an den lokalen Busverkehr ist es außerdem ein wichtiger Verkehrsknotenpunkt. Der Ort entstand erst nach Eröffnung des Bahnhofs im Jahr 1883, in dessen Folge sich zunächst einige Gewerbebetriebe ansiedelten und später eine Wohnsiedlung bildete. Das Dorf verfügt daher auch über keine historischen oder kulturellen Höhepunkte, bietet aber die nötige Infrastruktur für den Start dieser Fernwanderung. Unmittelbar um den Bahnhof herum befinden sich Restaurants, eine Bank und ein Supermarkt. Bei einer weiten Anreise und späten Ankunft im Ötztal bietet sich das Aktiv Hotel Ötztal, direkt am Bahnhof gelegen, für eine Übernachtung an. So kann die Wanderung am nächsten Morgen gut erholt gestartet werden.

1. Etappe: Ötztal Bahnhof – Oetz

10,2 km, 3 Std. 30 Min., ↑ 463 m, ↓ 316 m, ⇧ 682-1.041 m

0,0 km	⇧ 693 m	Ötztal Bahnhof, Bahnhof
2,6 km	⇧ 699 m	AREA 47
5,5 km	⇧ 758 m	Info-Point Ötztal Tourismus, Ambach WC
7,0 km	⇧ 1.028 m	Auerklamm
8,1 km	⇧ 1.032 m	Aussichtspunkt oberhalb von Oetz
9,6 km	⇧ 875 m	Abzweig Aussichtsplattform Hexenplatte
10,2 km	⇧ 778 m	Oetz, Tourismusinformation ⌘

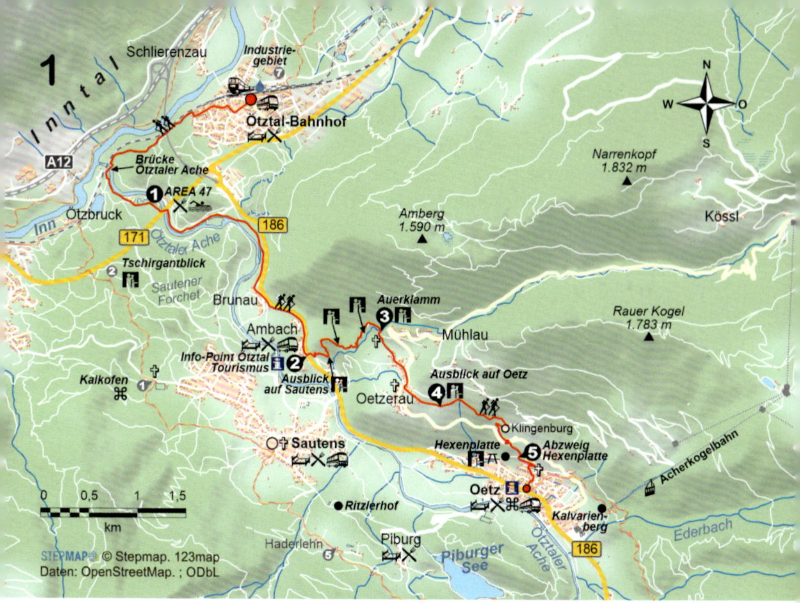

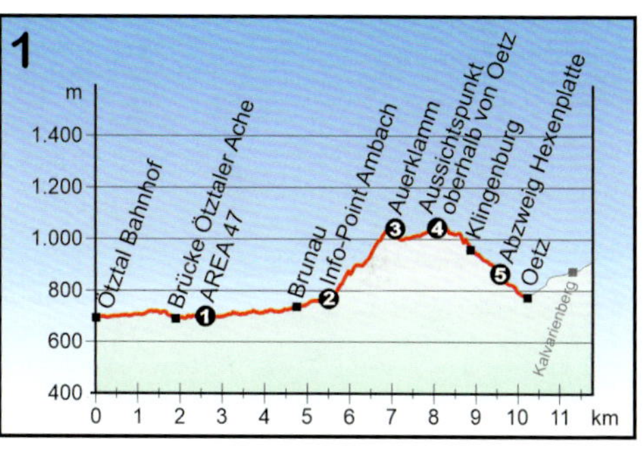

Ausgangspunkt des Ötztaler Urweges ist der Bahnhof im gleichnamigen Ort, Ötztal Bahnhof. Der Weg führt zunächst am Inn entlang, später folgt er der Ötztaler Ache in das Tal hinein. Von Ambach geht es hinauf in den Wald, durch die Auerklamm und anschließend durch Oetzerau und über die aussichtsreichen Bergwiesen weiter in Richtung Oetz. Kurz vor dem Etappenziel bietet sich noch ein Abstecher zur Aussichtsplattform Hexenplatte an, die einen schönen Blick über die vordere Talebene bietet. In Oetz führt der Weg an der Pfarrkirche vorbei und durch den historischen Ortskern hinunter zur Tourismusinformation, wo diese 1. Etappe endet.

☺ Aus dem 💧 Brunnen vor dem Bahnhof sprudelt Trinkwasser. Vor dem Start der Wanderung können Sie hier Ihre Wasserflasche auffüllen.

Der Weg startet direkt vor dem Bahnhofsgebäude und biegt nach rechts in die Ambergstraße ab. An der folgenden Kreuzung nehmen Sie die Riedernstraße nach rechts und direkt im Anschluss die Wassertalstraße nach links. Auf dieser gelangen Sie an den Waldrand, wo Sie vor den letzten Häusern der Siedlung in den kleinen Forstweg nach rechts abbiegen. Von nun an verläuft der Forstweg parallel zu den Bahngleisen und dem Inn durch lichten Wald, der Bahnhof und die Wohnsiedlung bleiben zurück. Eine Holzbrücke bringt Sie über die tosende Ötztaler Ache. Auf der anderen Seite geht es steil links hinauf, bevor Sie an der nächsten Möglichkeit direkt wieder links hinuntergehen und durch die weitläufige Bungalowanlage der AREA 47 ❶ spazieren.

✕ Lakeside Restaurant in der AREA 47, Ötztaler Achstraße 1, 6430 Ötztal Bahnhof, ☏ +43/(0)52 66/876 76, www.area47.at, info@area47.at, Restaurant: Anfang Mai bis Anfang Okt täglich 7:30-22:00, morgens Frühstücksangebote und ab 11:30 ein umfangreiches Speisenangebot mit Blick auf die zahlreichen Wasserattraktionen, Restaurant ist öffentlich zugänglich

Brücke über die Ötztaler Ache zur Area 47

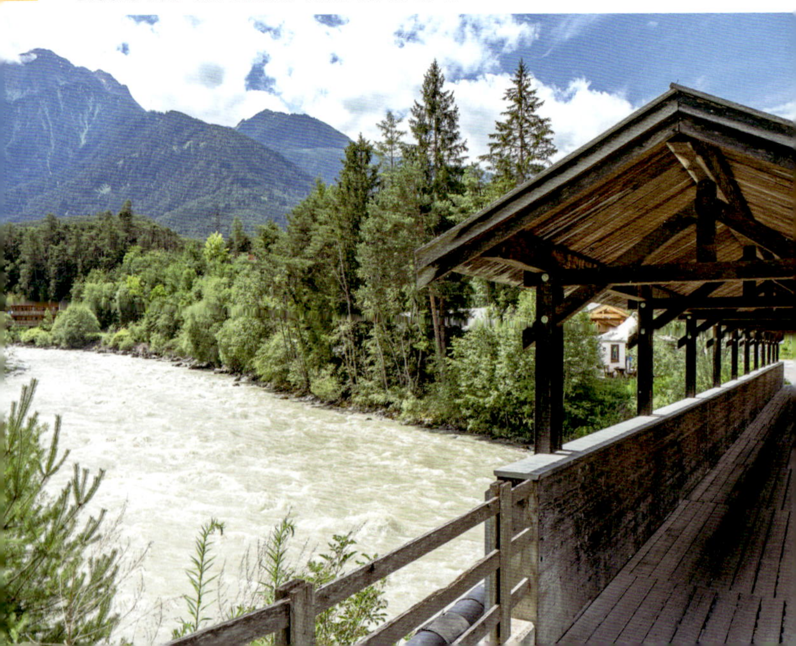

Am Ende der AREA 47, unterhalb des schwindelerregenden Klettergartens, überqueren Sie eine weitere Brücke und gehen anschließend nach rechts über den großen Parkplatz. Über die Zufahrtsstraße erreichen Sie einen weiteren kleineren Parkplatz, wo Sie nach rechts auf einen Forstweg abbiegen. Dieser verläuft entlang der Ötztaler Ache und einiger Wiesen bis Brunau, wo Sie der kleinen Straße folgen, bis diese auf die Ötztalstraße trifft. Parallel zu dieser führt ein Fußweg bis zum Info-Point von Ötztal Tourismus ❷ in Ambach.

Ambach

WC

Info-Point Ötztal Tourismus, Ambach 26, 6433 Oetz, ☏ +43/(0)57 20/07 00, www.oetztal.com, infopoint@oetztal.com, Mo-Fr 9:00-13:00 und 14:00-18:00, Sa 9:00-13:00 und 14:00-17:00, So geschlossen, ein öffentliches WC steht zur Verfügung

Gasthof Ambachhof, Ambach 23, 6433 Oetz, ☏ +43/(0)52 52/21 39, www.ambachhof.at, ambachhof@aon.at, Pizzeria Roberto im Ambachhof: täglich 11:00-22:00, (Hauptsaison Anfang Juni bis Ende Aug), Nebensaison Mo Ruhetag

Zwischen Info-Point und Gasthof Ambachhof überqueren Sie die Ötztalstraße und folgen der kleinen Nebenstraße für 90 m, bevor Sie auf den Pfad auf der linken Seite wechseln, der steil in den dichten Wald hochführt. Auf diesem Steig („Rundwanderweg Auerklamm“) erreichen Sie bereits nach zwei kleinen Kehren einen Abzweig zu einem ersten Aussichtspunkt. Da es sich um lediglich 30 m Umweg handelt, lohnt es sich, diesen aufzusuchen.

Nur 30 m vom eigentlichen Weg entfernt finden Sie hier eine kleine Holzbank mit einem schönen Ausblick auf Sautens und die gegenüberliegenden Berge des vorderen Ötztals.

Der eigentliche Weg macht eine weite Kehre und bringt Sie 70 Hm weiter oben zum nächsten Aussichtspunkt. Anschließend nähert sich der Steig an die Auerklamm an und führt parallel zu dieser aufwärts. Die Geräuschkulisse lässt bereits erahnen, was Sie in Kürze erwartet. Der Steig wird etwas unwegsamer und führt gut gesichert über ein felsiges Wegstück. Ein schmaler Pfad zweigt rechts vom Weg ab und führt hinter die Geländekuppe. Hinter den Felsen versteckt sich der nächste Aussichtspunkt mit Bänken und einem Zaun, da Sie sich hier direkt über der tiefen Klamm befinden. Sie können den Blick über die malerische Kapelle von Oetzerau und die Achplatte bis zu den hohen Gipfeln der mittleren Talebene schweifen lassen.

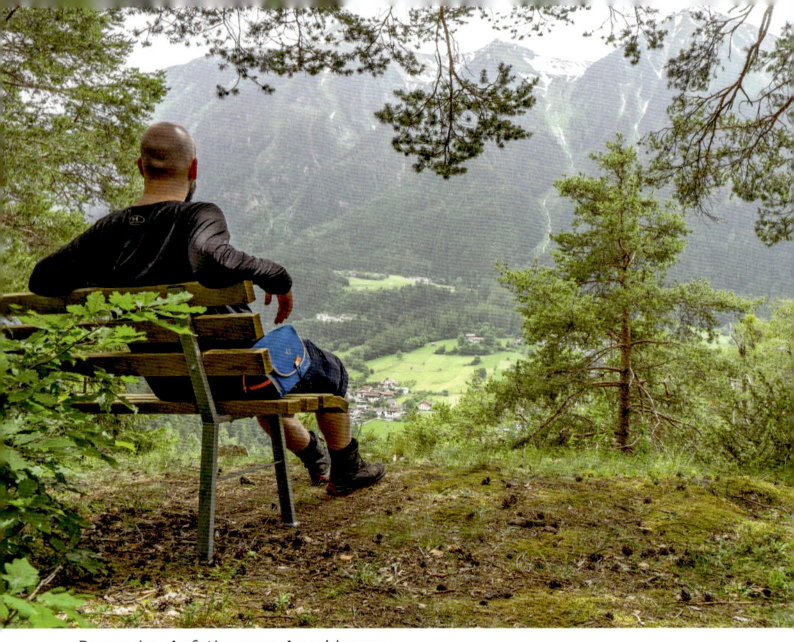

Pause im Aufstieg zur Auerklamm

Die Kapelle ist ein beliebtes 📷 Fotomotiv. Der Steig führt weiter aufwärts und macht oberhalb einer Bergwiese einen Bogen, in dem er abflacht und die Holzbrücke über der Auerklamm ❸ erreicht. Von dieser haben Sie einen beeindruckenden Tiefblick auf die tosenden Wassermassen, die sich durch die enge, felsige Schlucht drücken.

✋ Direkt nach der Brücke treffen Sie auf eine etwas unklare Weggabelung. Sowohl der Weg rechts aus dem Wald heraus als auch der steile Pfad links hinauf sind in Richtung Oetzerau und Oetz ausgeschildert. Bis zur Fertigstellung dieses Wanderführers wurde leider noch keine klärende Markierung des Ötztaler Urweges angebracht. Folgen Sie an dieser Stelle dem Weg, der rechts aus dem Wald herausführt.

Am Waldrand steht eine kleine, denkmalgeschützte ✝ Kapelle, von der Sie erneut einen schönen Blick auf die Kapelle in Oetzerau haben. Der Weg verläuft nun durch Bergwiesen bis in die kleine Siedlung Oetzerau, wo Sie der Hauptstraße folgen, bis diese sich gabelt. Jetzt folgen Sie der Straße nach rechts, weiter durch die Siedlung, bis diese auf die Kühtaistraße trifft.

Auf Höhe der Bushaltestelle überqueren Sie diese und folgen der kleineren Straße Oetzerau leicht links aufwärts. Sie wandern vorbei an den letzten Gebäuden der Siedlung und einem Rastplatz, bevor die Straße endet und in einen Pfad übergeht. Dieser verläuft fast eben durch die üppigen Bergwiesen und erreicht einen weiteren traumhaften Aussichtspunkt ❹. Von den beiden schattigen Holzbänken blicken Sie auf das Etappenziel Oetz und den mächtigen Acherkogel, der das Landschaftsbild des vorderen Ötztals beherrscht.

Der Weg zieht sich die nächsten 300 m durch den Bergwald, geprägt von moosbewachsenem Gestein. Am Waldrand biegt der Pfad nach rechts ab und führt hinunter zu einem Bauernhof, wo Sie der Straße abwärts folgen. Nach knapp 400 m zweigt erneut ein schmaler Pfad rechts von der Straße ab. Sie folgen diesem bis zur Kühtaistraße, überqueren diese vorsichtig an einer möglichst übersichtlichen Stelle und nehmen anschließend den kleinen Weg, der einige Meter weiter vorne nach rechts hinunterführt. Durch den lichten Bergwald gelangen Sie an eine kleine Weggabelung ❺, wo der Pfad zur Aussichtsplattform Hexenplatte abzweigt.

Die aussichtsreiche Hexenplatte ist etwa 75 m entfernt vom eigentlichen Weg. Die Holzplattform bietet einen schönen Blick auf Oetz und den Acherkogel im Hintergrund. Zahlreiche Bänke und ein Rastplatz laden zu einer letzten Pause vor dem Ziel ein. Der Name geht zurück auf eine alte Sage, nach welcher in diesem Gebiet einst eine Hexe umherzog und auf einem der Felsen ihren Fußabdruck hinterließ.

Zurück an der Weggabelung wandern Sie vom Waldrand in Richtung Kirche weiter. Auf Höhe des Friedhofs biegen Sie scharf rechts ab, nehmen die nächste Straße nach links und gehen anschließend nochmals links. Ein Fußweg führt Sie nun hinunter in die Dorfstraße, wo Sie hinter dem Alpenhotel rechts gehen und schließlich nach links über die Bielefeldstraße zur Tourismusinformation Oetz gelangen.

Weg durch Oetz

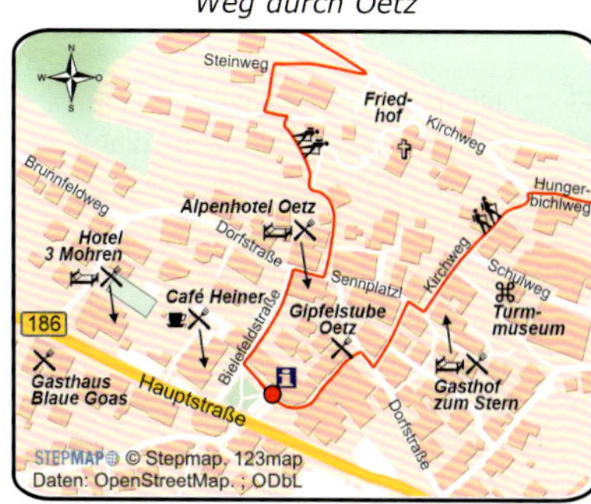

Oetz

Tourismusinformation Oetz, Hauptstraße 66, 6433 Oetz, ☏ +43/(0)57 20/05 00, www.oetztal.com, oetz@oetztal.com, Mo-Fr 8:00-12:00 und 14:00-18:00, Sa 8:00-12:00 und 14:00-17:00, So 9:00-15:00

Hotel 3 Mohren, Hauptstraße 54, 6433 Oetz, ☏ +43/(0)52 52/63 01, www.hotel3mohren.at, fam.haid@hotel3mohren.at, ÜF EZ € 45-51, DZ € 82-94, HP zusätzlich € 8 p. P., sehr gute und kreative Küche, seit über 100 Jahren in Familienbesitz

♦ Alpenhotel Oetz, Bielefeldstraße 4, 6433 Oetz, ☏ +43/(0)52 52/62 32, www.alpenhotel-oetz.at, office@alpenhotel-oetz.at, ÜF EZ € 48, DZ € 96, HP zusätzlich € 10 p. P., familiär geführtes Hotel

♦ Gasthof zum Stern, Kirchweg 6, 6433 Oetz, ☏ +43/(0)52 52/63 23, www.gasthof-zum-stern.at, gasthofstern@a1.net, ÜF EZ € 75, DZ € 142, historischer Gasthof, inkl. Ötztal Inside Summer Card

Gipfelstube Oetz, Dorfstraße 9, 6433 Oetz, ☏ +43/(0)6 60/347 48 42, www.gipfelstubeoetz.com, wirpat@gmx.at, Mo, Di und Do-So 16:30-21:30, Mi Ruhetag, hochwertige Gerichte aus regionalen Produkten

♦ Gasthaus Blaue Goas, Hauptstraße 39, 6433 Oetz, ☏ +43/(0)6 76/375 08 03, www.gasthaus-blaue-goas.business.site, Mo-So 11:00-23:00, uriges Gasthaus mit typisch Tiroler Küche

Café Heiner, Hauptstraße 58, 6433 Oetz, ☏ +43/(0)52 52/63 09, www.heiner.at, oetz@heiner.at, Mo-So 8:00-24:00, Frühstück ab 8:00, warme Küche 11:30-23:00, der Allrounder mit großer Terrasse: Frühstück, Kuchen, Eis, heimische und internationale Spezialitäten

Erlebnis-Schwimmbad Oetz, Örlachweg 22, 6433 Oetz, ☏ +43/(0)52 52/638 56 50, www.oetz.com, Mitte Mai bis Anfang Sep: täglich 10:00-19:00

⌘ Im Turmmuseum wird die beeindruckende Sammlung des bekannten Ötztaler Kunstsammlers und Volkskundlers Hans Jäger ausgestellt. Der Schwerpunkt liegt auf der alpinen Landschaftsmalerei von Künstlern aus dem 19. und dem beginnenden 20. Jahrhundert.

♦ Turmmuseum, Schulweg 2, 6433 Oetz, ☏ +43/(0)6 64/910 23 21, www.oetztalermuseen.at, info@oetztalermuseen.at, Anfang Juni bis Ende Okt: Mi-So 14:00-18:00.

Die kleine Ortschaft Oetz ist ein sehr beliebtes und dementsprechend lebendiges Ziel im Ötztal. Das Leben spielt sich überwiegend entlang der Hauptstraße ab, wo zahlreiche Restaurants, Cafés, Supermärkte und kleine Läden angesiedelt sind. Auch eine Apotheke, Bäckerei und Bank sind hier zu finden.

ÖTZ TAL OETZ

Hotel 3 Mohren

Oetz-Ötztal-Tirol

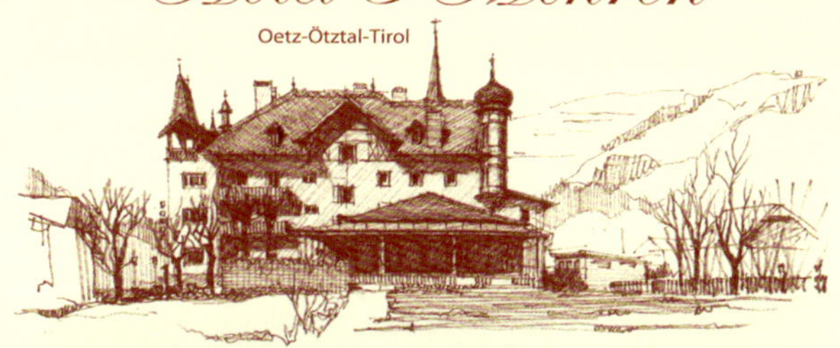

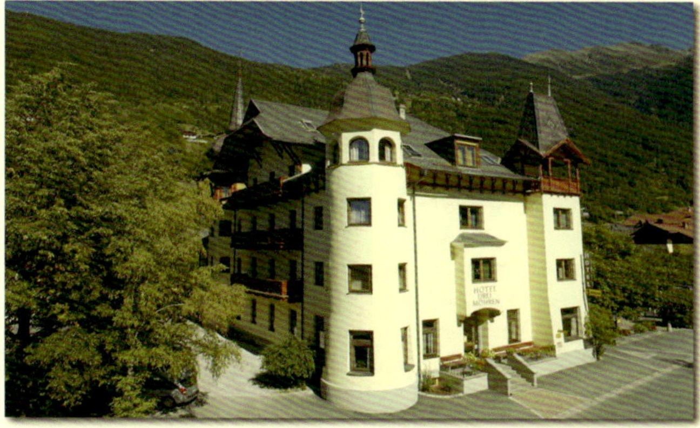

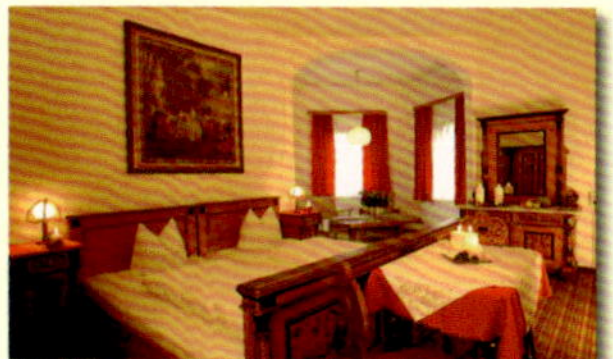

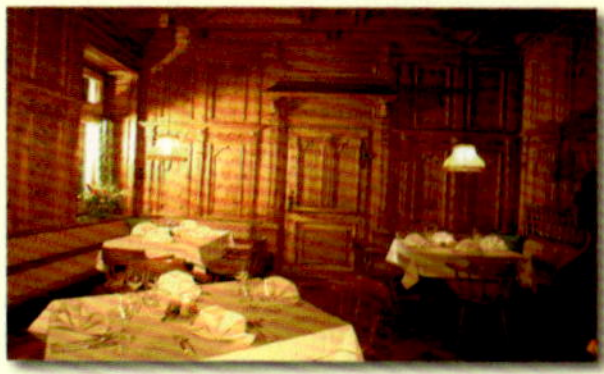

Hotel 3 Mohren • 6433 Oetz im Ötztal • Hauptstrasse 54 • Telefon: 0043-(0)5252-6301 • Fax: 0043-(0)5252-2464 • e-mail: fam.haid@hotel3mohren.at

www.hotel3mohren.at

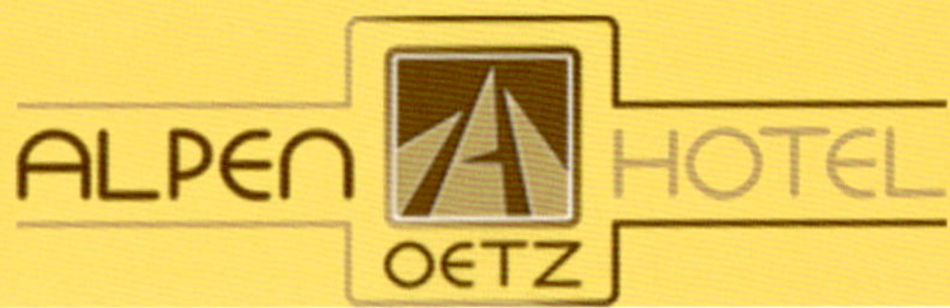

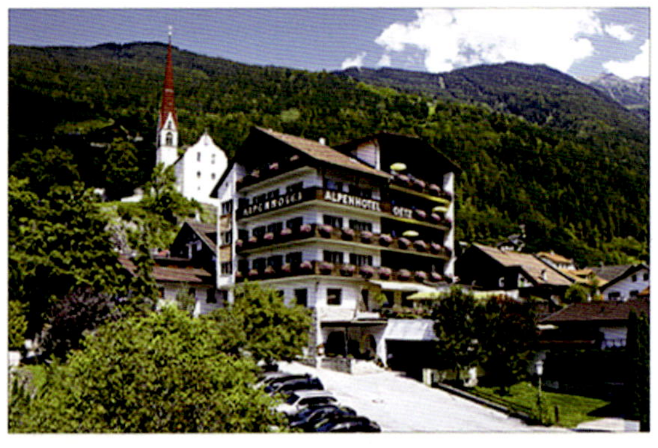

Ursprünglich und beständig: so präsentiert sich das Alpenhotel Oetz. Ein gemütliches Haus, ein Ort der gepflegten Gastfreundschaft in zentraler und dennoch ruhiger und sonniger Lage. Der Einfachheit des Hauses verdanken wir es, dass sich die Gäste ein bisschen wie zu Hause zu fühlen.

Einfache und zweckmäßige Zimmer mit Dusche oder Bad und WC, SAT-TV und WiFi. Die meisten Zimmer verfügen über einen Balkon mit Bergblick und das Frühstücksbüffet ist inklusive.

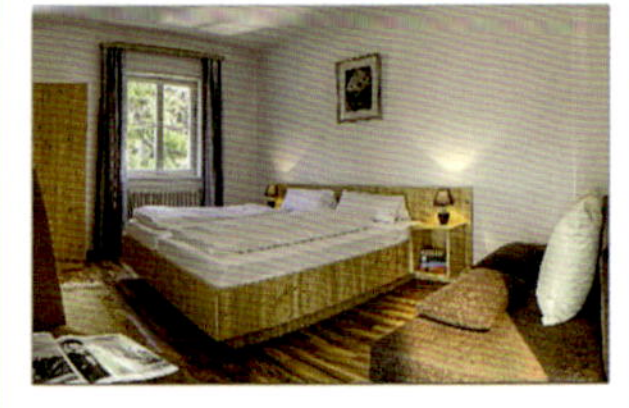

www.alpenhotel-oetz.at / +43 5252 6232

☺ Da die nächste Etappe im etwas abgelegenen Niederthai endet und keine Einkaufsmöglichkeiten bietet, sollten Sie in Oetz ausreichend Getränke und Snacks für zwei Wandertage einkaufen.

☺ Wenn Sie es eher ruhig mögen, dann können Sie die ersten 3,8 km der 2. Etappe bereits am ersten Tag anhängen und in Habichen übernachten. Dies bietet Zeit für einen ausgedehnten Besuch am Habicher See und an der Wellerbrücke. Positiver Nebeneffekt: Die lange 2. Etappe wird dadurch ein wenig verkürzt.

2. Etappe: Oetz – Niederthai

17,9 km, 6 Std. 30 Min., ↑ 1.125 m, ↓ 386 m, ⇧ 778-1.542 m

0,0 km	⇧ 778 m	Oetz, Tourismusinformation
2,9 km	⇧ 981 m	Aussichtspunkt Ebele
4,9 km	⇧ 856 m	Habicher See
8,0 km	⇧ 946 m	Engelswand WC
9,3 km	⇧ 960 m	Kirche Maria Schnee
13,3 km	⇧ 1.112 m	Aussichtspunkt Steppsteig
14,6 km	⇧ 1.154 m	Waldcafé Stuböbele
16,2 km	⇧ 1.481 m	Gasthof Stuibenfall
17,9 km	⇧ 1.541 m	Niederthai, Tourismusinformation

Die 2. Etappe führt aus dem historischen Ortskern von Oetz auf den Kalvarienberg, vorbei am Aussichtspunkt Ebele und wieder hinunter an den karibisch anmutenden Habicher See. Weiter geht es im Wald über die Elisabeths Höhe nach Tumpen, wo sich das Tal öffnet. Der Weg verläuft nun direkt unterhalb der Engelswand, einem beliebten Klettergebiet, durch den kleinen Weiler Lehn Platzl und zur malerischen Kirche Maria Schnee, inmitten von Feldern und Wiesen. Im lichten Bergwald geht es über Wienersteig und Steppsteig zum urigen Waldcafé Stuböbele, oberhalb von Umhausen. Hier lohnt sich eine letzte Pause, denn zum Abschluss der Etappe führt der Ötztaler Urweg steil hinauf. Über eine Hängebrücke und mehr als 700 Stufen gelangen Sie im Angesicht des mächtigen Stuibenfalls, Tirols höchstem Wasserfall, in das idyllische Bergdorf Niederthai.

Von der Tourismusinformation in Oetz starten Sie nach rechts und folgen der Dorfstraße und dem Kirchweg aufwärts, vorbei am historischen Gasthof Stern mit seinen auffälligen Freskenmalereien.

Auf Höhe der ✝ Kirche biegen Sie erneut nach rechts ab und gelangen auf dem steilen Hungerbichlweg an die Kühtaier Straße. Diese überqueren Sie vorsichtig und gehen einige Meter an der Straße entlang nach links, bevor Sie dann der Ausschilderung in Richtung Kalvarienberg nach rechts folgen. Hinter den letzten Häusern des Ortes wandern Sie auf einem schattigen Waldweg weiter bis zur kleinen Weggabelung unterhalb der Acherkogelbahn. Hier wählen Sie den Weg nach links, welcher kurz darauf in einen breiteren Forstweg übergeht und weiter ansteigt.

Im Anschluss wird der Weg wieder schmaler und verläuft in leichtem Auf und Ab durch den Bergwald. An einer Weggabelung folgen Sie dem markierten Pfad abwärts in Richtung Ebele und Habichen. Bei der nächsten Möglichkeit gehen Sie erneut rechts und gelangen zum Aussichtspunkt Ebele ❶. Der Weg führt anschließend hinunter bis nach Habichen.

Habichen

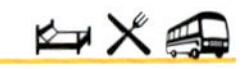

Aktivhotel Waldhof, Habichen 5, 6433 Oetz, ☏ +43/(0)52 52/62 49, www.waldhof.at, hotel@waldhof.at, ÜF EZ ab € 107, DZ ab € 166, HP zusätzlich € 9 p. P., Restaurant: täglich 11:00-21:00, inkl. Ötztal Inside Summer Card

♦ Hotel Habicher Hof, Habichen 46, 6433 Oetz, ☏ +43/(0)52 52/62 48, www.habicherhof.at, hotelinfo@habicherhof.at, ÜF EZ ab € 119, DZ ab € 189, inkl. Verwöhn-HP und Ötztal Inside Summer Card

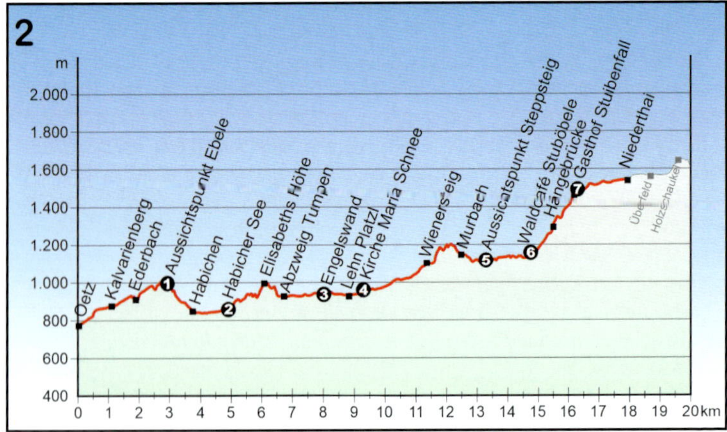

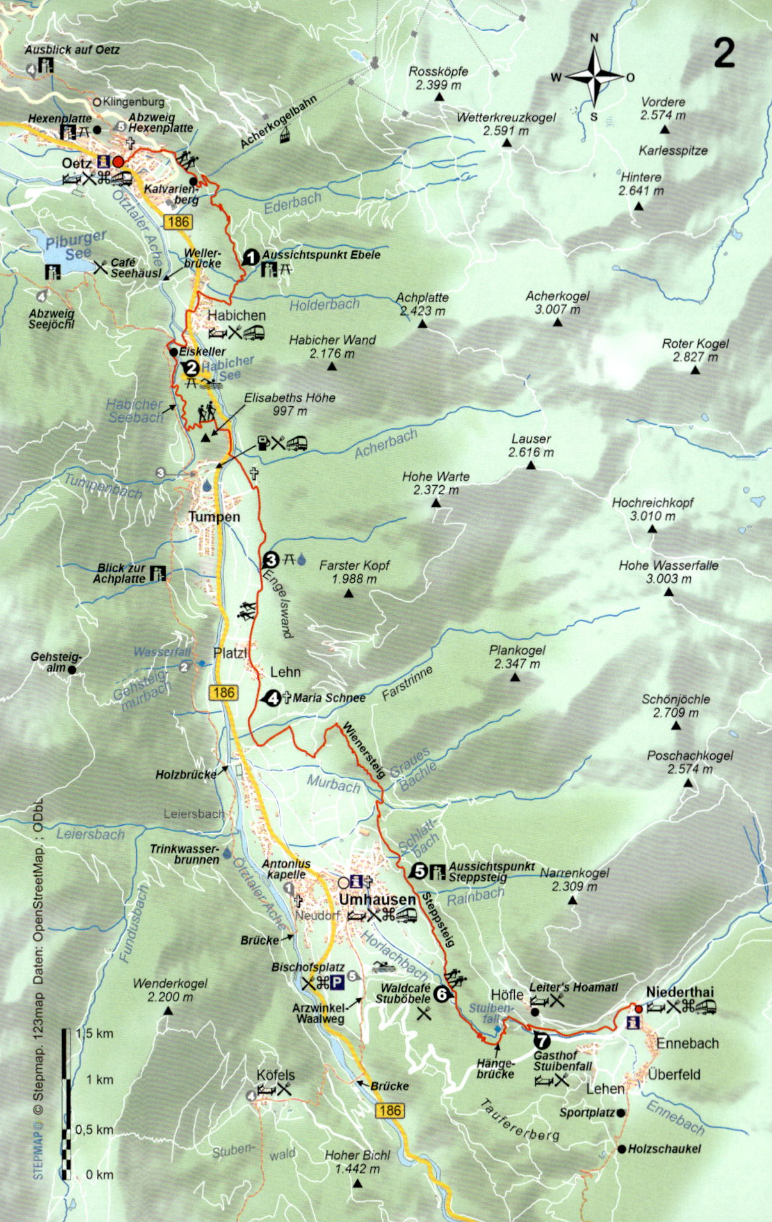
2
N
W
O
S
Ausblick auf Oetz
Klingenburg
Hexenplatte
Abzweig Hexenplatte
Acherkogelbahn
Oetz
Kalvarienberg
Ötztaler Ache
186
Ederbach
Rossköpfe 2.399 m
Wetterkreuzkogel 2.591 m
Vordere 2.574 m
Karlesspitze
Hintere 2.641 m
Piburger See
Café Seehäusl
Wellerbrücke
Aussichtspunkt Ebele
Abzweig Seejöchl
Holderbach
Habichen
Achplatte 2.423 m
Acherkogel 3.007 m
Habicher Wand 2.176 m
Roter Kogel 2.827 m
Eiskeller
Habicher See
Habicher Seebach
Elisabeths Höhe 997 m
Acherbach
Lauser 2.616 m
Tumpenbach
Tumpen
Hohe Warte 2.372 m
Hochreichkopf 3.010 m
Blick zur Achplatte
Engelswand
Farster Kopf 1.988 m
Hohe Wasserfalle 3.003 m
Gehsteigalm
Wasserfall
Gehsteigmurbach
Platzl
Lehn
Plankogel 2.347 m
Maria Schnee
Farstrinne
Schönjöchle 2.709 m
Wienersteig
Graues Bächle
Poschachkogel 2.574 m
Holzbrücke
Murbach
Leiersbach
Leiersbach
Schlattbach
Trinkwasserbrunnen
Antoniuskapelle
Aussichtspunkt Steppsteig
Narrenkogel 2.309 m
Rainbach
Umhausen
Neudorf
Steppsteig
Fundusbach
Brücke
Horlachbach
Bischofsplatz
Waldcafé Stubőbele
Höfle
Leiter's Hoamatl
Niederthai
Wenderkogel 2.200 m
Arzwinkel-Waalweg
Stuibenfall
Hängebrücke
Gasthof Stuibenfall
Ennebach
Überfeld
Köfels
Brücke
Lehen
186
Sportplatz
Ennebach
Taufererberg
Stubenwald
Hoher Bichl 1.442 m
Holzschaukel
1,5 km
1 km
0,5 km
0 km
STEPMAP © Stepmap. 123map Daten: OpenStreetMap.; ODbL

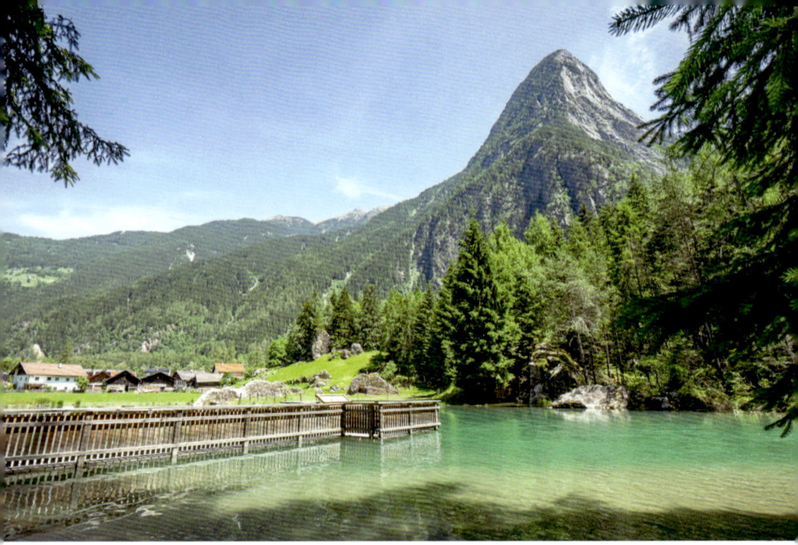

Habicher See

Das beschauliche Habichen liegt nur wenige Meter außerhalb von Oetz inmitten traumhafter Natur. Die Wellerbrücke über die reißende Ötztaler Ache (Schauplatz legendärer Kajak-Weltmeisterschaften) und der malerische Habicher See liegen nur einen kurzen Spaziergang entfernt. Zwar bietet der Ort keine weitere Infrastruktur, außer wenigen Hotels und Gasthöfen, dafür aber absolute Ruhe und Harmonie.

Kurz vor der Hauptstraße zweigt eine kleinere Straße nach rechts ab und wechselt durch die Unterführung auf die andere Seite. Dort folgen Sie der Straße weiter nach links, vorbei an einem P Parkplatz und über eine Holzbrücke, bevor der Weg nach 100 m rechts abbiegt und an den Waldrand führt. Immer links haltend, gelangen Sie am Eiskeller vorbei an den türkisfarbenen Habicher See ❷.

Eiskeller

Ein erfrischendes Naturphänomen befindet sich wenige Meter vor dem Habicher See. Durch unterirdische Gangsysteme strömt kalte Luft aus den eisigen Höhen der Berge hinunter in das Tal und sammelt sich im sogenannten Eiskeller, einer kleinen Höhle im Fels. Bis in die 1960er-Jahre wurde er zur Aufbewahrung verderblicher Lebensmittel genutzt. Heute wird er gerne für eine kurze Abkühlung an heißen Sommertagen genutzt.

Direkt neben dem Habicher See führt ein schmaler Weg in den Wald hinauf. Oben angekommen, überqueren Sie die kleine Brücke und nehmen den unscheinbaren Pfad nach rechts. Dieser verläuft parallel zum Bach, teils kaum ausgetreten, durch den idyllischen Wald. Nach gut 600 m, auf Höhe einer weiteren Brücke, folgen Sie dem Steig, der in steilen Kehren links hinaufführt. Die Anhöhe, auch als Elisabeths Höhe bezeichnet, entstand wie so viele Landschaften im Ötztal durch einen Bergsturz. Sie markiert den Übergang von der ersten in die zweite Talstufe. Beim anschließenden Abstieg halten Sie sich an einer Weggabelung rechts und verlassen den Wald zwischen den Häusern am Ortsrand von Tumpen. An der Hauptstraße geht es taleinwärts weiter bis zur hölzernen Brücke, die direkt an der Bushaltestelle und dem Trinkwasserbrunnen liegt.

Wenn Sie auf dieser langen Etappe noch Getränke oder einen Snack benötigen, dann bietet sich an dieser Stelle ein Abstecher zur nahe gelegenen Tankstelle an. Eine Pizzeria befindet sich direkt daneben. Um dorthin zu gelangen, folgen Sie der Hauptstraße weitere 200 m taleinwärts.

Tumpen

Pizzeria Castello, Tumpen 130, 6441 Tumpen, ☏ +43/(0)6 60/641 77 38, Mo-So 11:00-22:00

Der kleine Weiler Tumpen liegt direkt am Beginn der zweiten Talstufe und gehört bereits zum Gemeindegebiet von Umhausen. Hier finden sich einige kleine Pensionen und Ferienwohnungen. Für Sie sind wahrscheinlich vor allem die Tankstelle und die Pizzeria von Interesse.

Weiter geht es über die Brücke, vorbei an einer Kapelle und einem Spielplatz, immer dem Feldweg folgend am Waldrand entlang. Bald darauf erreichen Sie den Schatten der mächtigen Engelswand ❸, einem sehr beliebten Klettergebiet. Die dort vorhandene Infrastruktur kann auch für Fernwanderungen nützlich sein. Zur Verfügung stehen ein Rastplatz, ein öffentliches WC und ein Trinkwasserbrunnen.

Von der Engelswand aus folgen Sie weiter dem breiten Feldweg. Dieser wird kurz darauf zu einer befestigten Straße und verläuft durch den kleinen Ortsteil Lehn-Platzl. Am Ortsrand geht die Straße wieder in einen Feldweg über und nach 150 m erreichen Sie die malerische, im Barockstil errichtete Kapelle Maria Schnee ❹, erbaut im Jahr 1797. Ihre isolierte Lage inmitten der Felder und Wiesen macht sie zu einem beliebten Fotomotiv. Weiter dem Feldweg folgend überqueren Sie wenig später eine Holzbrücke und gelangen an eine kleine Kreuzung im lichten Wald.

Hier wechseln Sie nach links auf den Forstweg in Richtung „Farst", bevor Sie an der anschließenden Weggabelung erneut den linken Weg nehmen. Diesem folgen Sie aufwärts, immer am Waldrand entlang, bis zur nächsten Abzweigung. Hier verlassen Sie den Schatten der Bäume und wandern nach rechts durch die weiten Felder mit einem schönen Ausblick tief hinein in das Talbecken.

Zum Zeitpunkt der Recherche war an dieser eher unscheinbaren Abzweigung keine Ausschilderung angebracht. Achten Sie auf diesem Wegstück auf den rechten Wegrand.

An der Kreuzung am Waldrand folgen Sie der befestigten Straße nach links und nehmen wenige Meter weiter den rechten Weg in Richtung „Wienersteig". Lassen Sie sich hier vom Warnhinweis „Alpiner Bergweg – Begehung auf eigene Gefahr" nicht beirren. Es handelt sich um einen mühelos begehbaren Pfad durch den Wald, der lediglich an einigen Stellen ein klein wenig abschüssig ist. An der kommenden Weggabelung halten Sie sich links, biegen kurz darauf rechts ab und gelangen so auf den Wienersteig. Dieser führt in leichtem Auf und Ab durch den Bergwald und gibt dabei gelegentlich den Blick auf die Talebene von Umhausen frei. Der Steig mündet in einen Forstweg, dem Sie nach rechts abwärts folgen, bevor nach etwa 100 m ein Weg nach links abzweigt. Auf diesem gelangen Sie an eine Kreuzung am Waldrand. Gehen Sie hier an den Infotafeln vorbei und anschließend direkt links auf den Steppsteig. Dieser verläuft zu Beginn entlang eines Naturlehrpfades, der interessante Einblicke in die örtliche Flora gibt. Sie überqueren einen kleinen Bach und ignorieren zwei unscheinbare Abzweigungen auf der linken Seite, bevor Sie an eine Weggabelung gelangen. Folgen Sie hier weiter dem Steppsteig, der fast eben in Richtung Stuibenfall verläuft. Nach knapp 200 m erreichen Sie die Aussichtsplattform ❺ oberhalb von Umhausen. Hier genießen Sie einen fantastischen Blick auf den gegenüberliegenden Geigenkamm.

Nach weiteren 150 m auf dem breiten Spazierweg verlassen Sie diesen nach links auf einen schmaleren Pfad. Am Waldrand entlang gelangen Sie auf den breiten Forstweg, der zum ✕ Waldcafé Stuböbele ❻ führt.

✕ Waldcafé Stuböbele, Stuibn 10, 6441 Umhausen, ☏ +43/(0)6 64/401 36 63, www.waldcafe-stuböbele.at, info@waldcafe-stuböbele.at, täglich 10:00-18:00, Tiroler Köstlichkeiten in der urigen Stube oder auf der sonnigen Terrasse

Nach einer kleinen Stärkung im gemütlichen Waldcafé beginnt der Endspurt, und dieser hat es in sich. Zunächst geht es weiter auf einem breiten Forstweg, der leicht ansteigend zu einem Rastplatz führt, von dem es einen ersten Blick auf den mächtigen Stuibenfall gibt.

Anschließend wird der Weg schmaler und steiler. In einigen engen Kehren führt er hinauf bis zur Hängebrücke, wobei er unterwegs weitere Aussichtspunkte passiert. Auf der 80 m langen, leicht schaukelnden Hängebrücke beginnen die etwa 700 Stufen, auf denen Sie parallel zum Wasserfall nach oben gelangen. Im Aufstieg warten weitere Aussichtsplattformen und Bänke, auf denen Sie die brennenden Waden kurz ruhen und sich vom Wasserfall „bestuiben" (bestäuben) lassen können. Somit ist auch bereits der Name erklärt.

Stuibenfall

Der Stuibenfall bei Umhausen ist mit seinen 159 Metern Fallhöhe der größte Wasserfall Tirols. Kurz zur Entstehung: Beim gewaltigen Einsturz des Bergmassivs bei Köfels auf der gegenüberliegenden Talseite um 7.000 v. Chr. wurde zwischen Umhausen und Niederthai der Tauferberg aufgeschüttet. Dies führte zu einer Anstauung des Horlachbaches und der daraus resultierenden Bildung eines Sees im Gebiet des heutigen Niederthai. Mit der Zeit fand das Wasser einen Weg durch den Felsen und es entstand der Stuibenfall. Das Bergsturzgebiet bei Köfels durchwandern Sie auf der 10. Etappe von Längenfeld nach Umhausen.

Am oberen Ende des Wasserfalls angekommen, lohnt ein kurzer Blick von der Brücke über dem stürzenden Horlachbach. Zurück auf dem Weg folgen Sie diesem, bis er in einen breiteren Forstweg mündet, welcher am Horlachbach entlang nach rechts zum Gasthof Stuibenfall ❼ führt.

Gasthof Stuibenfall, Niederthai 47, 6441 Umhausen, +43/(0)52 55/55 12,
www.stuibenfall.at, info@stuibenfall.at, ÜF EZ ab € 107,
DZ ab € 154, inkl. HP, warme Küche: täglich 12:00-20:00

Vor dem Gasthof geht es kurz linksherum, direkt im Anschluss nach rechts auf den Pfad in Richtung Höflersteig.

Sollten Sie ihre Übernachtung in Niederthai im Leiter's Hoamatl gebucht haben, dann biegen Sie nach 150 m auf den Höflersteig ab, der links abzweigt. Dieser führt Sie direkt vor die Terrasse des sehr idyllisch gelegenen Gasthofes.

An der kommenden Weggabelung gehen Sie rechts hinunter, wo Sie dem Forstweg am sanft plätschernden Horlachbach entlang nach Niederthai folgen. Auf Höhe einer kleinen Brücke nehmen Sie den Weg nach links. An der Ötztaler Brauerei vorbei und auf der Straße nach rechts gelangen Sie über die Brücke bei der Dorfschmiede zur Tourismusinformation Niederthai.

Niederthai

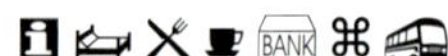

Tourismusinformation Niederthai, Niederthai 50, 6441 Umhausen, +43/(0)57 20/04 20, www.oetztal.com, umhausen@oetztal.com, Mo-Fr 8:00-12:00 und 13:00-17:00, Sa und So geschlossen

Hotel Tauferberg, Niederthai 12a, 6441 Umhausen, +43/(0)52 55/55 09, www.tauferberg.com, info@tauferberg.com, ÜF EZ ab € 76, DZ ab € 132, inkl. hervorragender Halbpension, Restaurant: täglich 11:00-14:00 und 17:30-20:30, liebevoll geführtes Hotel zum Wohlfühlen mit fantastischer Küche

♦ Leiter's Hoamatl, Niederthai 11, 6441 Umhausen, +43/(0)52 55/502 58, www.gasthof-hoamatl-niederthai.at, info@gasthof-hoamatl-niederthai.at, ÜF EZ € 75, DZ € 96, HP zusätzlich € 19 p. P., gemütlicher Gasthof in sehr ruhiger Lage (ca. 1,2 km außerhalb des Zentrums)

Haus Sonneck, Niederthai 77, 6441 Umhausen, +43/(0)52 55/55 95, www.haus-sonneck.net, info@haus-sonneck.net, ÜF EZ ab € 33, DZ ab € 66, einfache Pension mit Frühstück

Niederthai

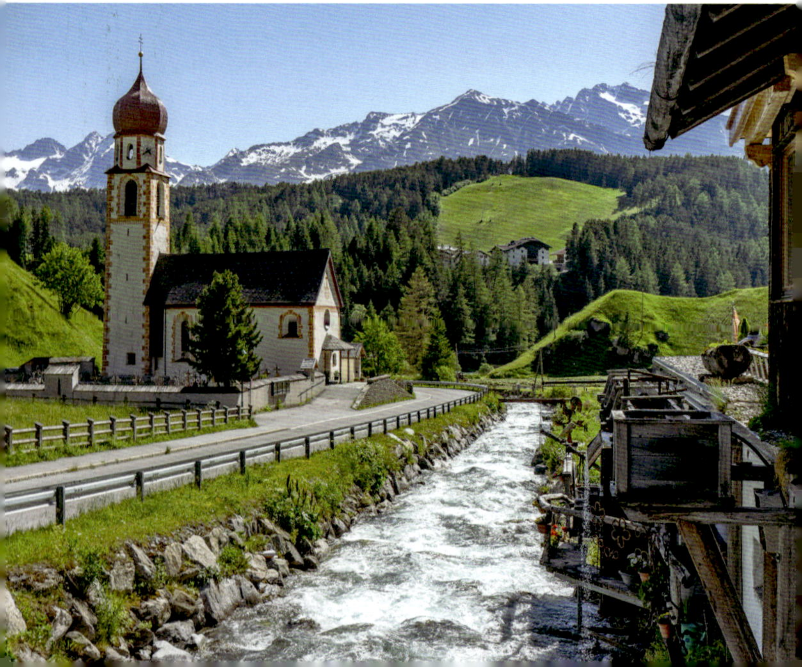

✕ Ötztaler Brauhaus Niederthai, Niederthai 57a, 6441 Umhausen, ☏ +43/(0)6 76/540 24 85, 💻 www.oetztalerbrauhaus.at, ✉ info@oetztalerbrauhaus.at, 🚪 Mo-Do 17:00-23:00, Fr-So 12:00-23:00, lokale Brauerei mit vielseitigem Speisenangebot (täglich um 17:00 Uhr findet eine kostenlose Brauereiführung statt – telefonische Anmeldung erforderlich)

⌘ In der Alten Dorfschmiede von Niederthai gibt es interessante Einblicke in das uralte Handwerk der Schmiedekunst.

♦ Alte Dorfschmiede, Niederthai 56, 6441 Umhausen, ☏ +43/(0)6 64/442 40 15, 💻 www.alte-dorfschmiede.info, ✉ altedorfschmiede@gmx.at, 🚪 Besichtigung auf Anfrage

Das kleine Dorf Niederthai ist Idylle pur. Auf rund 1.540 m Höhe im malerischen Horlachtal gelegen, genießen Sie hier eine unvergleichliche Ruhe und Aussicht. Es gibt hier lediglich einige Hotels und Pensionen, den Bäcker und einen Geldautomaten. Niederthai steht für Entspannung in traumhafter Bergkulisse.

3. Etappe: Niederthai – Längenfeld

➲ 13,3 km, ⌛ 4 Std. 30 Min., ↑ 407 m, ↓ 794 m, ⇧ 1.155-1.824 m

0,0 km	⇧ 1.541 m	Niederthai, Tourismusinformation
2,6 km	⇧ 1.545 m	Jausenstation Wiesle ✕
3,6 km	⇧ 1.801 m	Untere Hemerach Alm
6,8 km	⇧ 1.391 m	Aussichtspunkt Adlerblick
9,3 km	⇧ 1.160 m	Dorf
11,8 km	⇧ 1.167 m	Bauhof Ötztal Tourismus
13,3 km	⇧ 1.180 m	Längenfeld, Pfarrkirche

Die 3. Etappe startet im idyllischen Niederthai und führt zunächst durch den schattigen Bergwald zur Jausenstation Wiesle, die auf einer kleinen Lichtung liegt. Anschließend wird der Weg schmaler und steiler, gleichzeitig wird der Wald dichter und geheimnisvoller. Auf einem sehr schönen Steig erreichen Sie die Untere Hemerach Alm, eine aussichtsreiche Hochebene mit einigen urigen Jagd- und Almhütten. Von nun an verläuft der Ötztaler Urweg gemütlich absteigend aus dem Wald heraus, vorbei an der Aussichtsplattform Adlerblick. Durch den kleinen Weiler Dorf gelangen Sie an das Ufer der Ötztaler Ache, der Sie taleinwärts bis nach Längenfeld folgen. Nach dieser kurzweiligen Etappe bleibt ausreichend Zeit zur Entspannung, beispielsweise in der großzügigen Therme des Aqua Dome.

Von der 🛈 Tourismusinformation in Niederthai folgen Sie der Straße aufwärts, vorbei an einigen Bauernhöfen, in Richtung der Ortsteile Überfeld und Lehen. In Überfeld biegen Sie am Brunnen nach rechts in die Nebenstraße ab, halten sich anschließend stets links und gelangen zwischen einigen Häusern hindurch an einen kleinen P Parkplatz. Hier geht es geradeaus weiter durch die Wiesen, vorbei am Sportplatz, bis Sie durch ein Weidegatter den Waldrand erreichen. Im Wald wandern Sie aufwärts und bekommen kurz darauf bei der Holzschaukel einen schönen Blick zurück nach Niederthai geboten. Weiter dem breiten Forstweg folgend, biegen Sie nach 300 m auf den kleinen Pfad in Richtung Wiesle ab. Wenig später mündet dieser wieder in den Forstweg, dem Sie nun in drei langen Kehren hinunterfolgen bis hinter die ✕ Jausenstation Wiesle ❶.

✕ Jausenstation Wiesle, Au 72, 6444 Längenfeld, ☏ +43/(0)6 64/341 92 41,
Ende Mai bis Ende Sep: Di-So 10:00-18:00, Mo Ruhetag (entfällt ab Juli),
bewirtschaftete Alm auf einer kleinen Lichtung im Wald

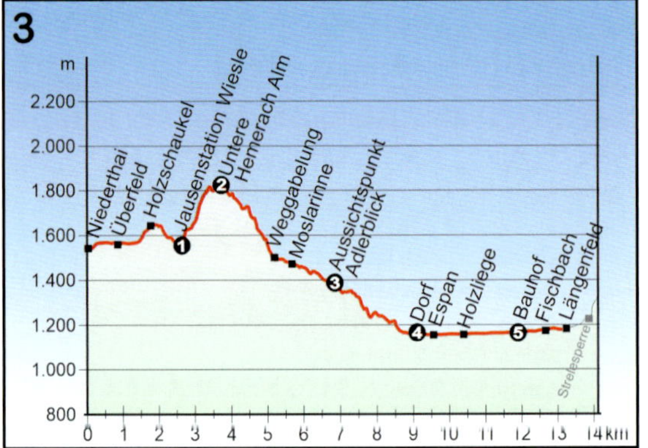

Sie folgen dem Holzzaun vor der Jausenstation nach links und wandern auf einem naturbelassenen Pfad aufwärts, wieder in den Wald hinein.

✋ Der steile Pfad kann bei Nässe sehr rutschig werden, daher sind Wanderstöcke hilfreich.

Sie treffen auf einen Forstweg, dem Sie einige Meter nach rechts folgen, bevor es wieder links auf dem schmalen Pfad weitergeht. Letztlich flacht das Gelände etwas ab und der Pfad führt aus dem Wald heraus auf die Untere Hemerach

Alm ❷, wo sich mehrere kleine Jagd- und Almhütten (nicht bewirtschaftet) befinden. Einige ⛼ Bänke laden dazu ein, die Aussicht auf die umliegenden Gipfel zu genießen.

Am Ende der Hochebene folgen Sie dem Weg geradeaus, vorbei an einem letzten Heustadl und über eine kleine Holzbrücke. Der schmale Pfad führt nun im Wechsel über Bergwiesen und durch lichten Bergwald, wobei der steile Abstieg bei Nässe eine gewisse Trittsicherheit erfordert. Einige Stahlseile helfen über besonders rutschige Abschnitte hinweg. Nach 1,6 km (von der Unteren Hemerach Alm aus gesehen) erreichen Sie eine Weggabelung: Auf der rechten Seite führt ein steiler Steig hinunter, geradeaus können Sie hinter der Rinne einen Forstweg erkennen.

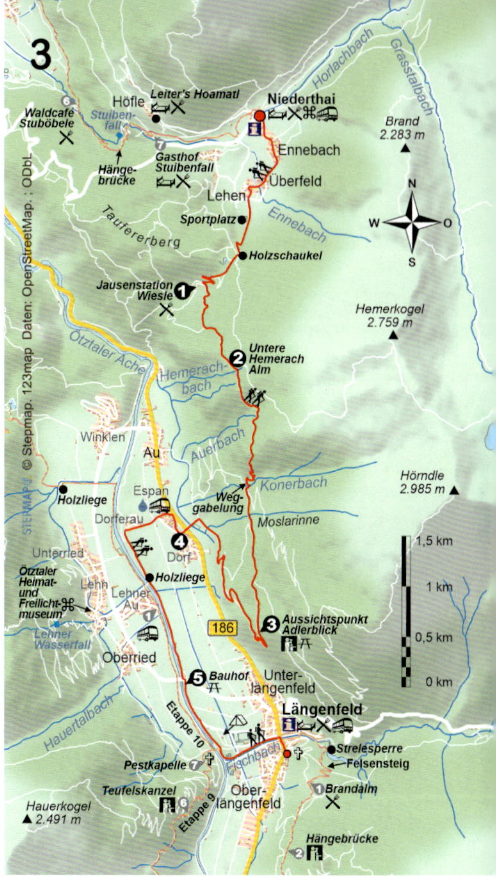

Zum Zeitpunkt der Recherche war an dieser Weggabelung noch der alte Abstieg markiert, nach rechts über den Steig. Der korrekte Wegverlauf des Ötztaler Urweges führt allerdings geradeaus, in der Rinne einen Bach querend, auf dem Forstweg weiter.

Auf dem Forstweg wandern Sie gemütlich abwärts, immer der Ausschilderung „Adlerblick" folgend. Dabei ignorieren Sie einige Abzweigungen und bleiben stets auf dem Forstweg. Sie erreichen den schön gelegenen Aussichtspunkt Adlerblick ❸, der den Blick auf Längenfeld und die Gipfel der gegenüberliegenden Talseite freigibt.

Der Abstieg wird über den breiten Forstweg fortgesetzt und Sie ignorieren weitere Abzweigungen. In den Kehren nach dem Aussichtspunkt ergibt sich ein noch besserer Ausblick auf Längenfeld und das darüberliegende Burgstein, welches der Urweg auf der folgenden Etappe ansteuern wird. Der Forstweg verlässt schließlich den Wald und Sie gelangen durch ein Weidegatter, einen kleinen Sportplatz und eine Unterführung in den kleinen Weiler Dorf ❹.

Dorf 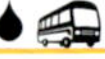

Der kleine Weiler Dorf besteht aus einigen Wohnhäusern und einer Handvoll Ferienwohnungen. Es gibt eine Bushaltestelle und einen Trinkwasserbrunnen, der für Sie von Interesse sein könnte.

Gemütlicher Pausenplatz mit Blick auf den Gamskogel

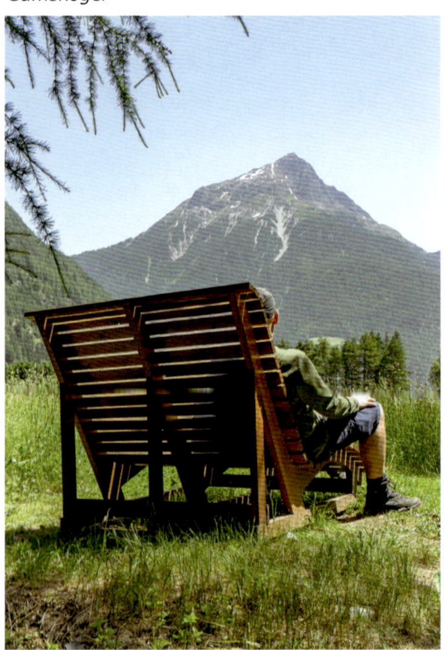

In Dorf folgen Sie der Straße nach rechts, bevor diese auf Höhe der Bushaltestelle nach links aus dem Wohngebiet hinausführt. Hier passieren Sie außerdem den Trinkwasserbrunnen. Der befestigte Weg wird auf Höhe der Siedlung Dorferau zu einem Forstweg. Folgen Sie diesem geradeaus in Richtung Fluss und anschließend nach links, immer parallel zur Ötztaler Ache. Sie wandern nun gemütlich zwischen der Ache und den weiten Feldern in Richtung Längenfeld. Unterwegs bieten sich einige Bänke und eine Holzliege für eine letzte kurze Pause an. Dabei haben Sie stets den Gamskogel im Blick, den markantesten Gipfel im Längenfelder Talbecken.

Am Biowärme-Kraftwerk überqueren Sie die Straße und erreichen den Bauhof des Tourismusverbands ❺. Hier finden Sie einen Rastplatz und einen Unterstand.

Weiter auf dem befestigten Weg an der Ötztaler Ache entlang erreichen Sie eine Weggabelung am Waldrand, wo Sie nach rechts auf den Fußweg wechseln. Diesem folgen Sie am Campingplatz vorbei bis zur kleinen Brücke über den Fischbach, einen Zufluss der Ötztaler Ache. Vor der Brücke biegen Sie links ab und gelangen am Fischbach entlang an die Ötztalstraße (Hauptstraße). Dort gehen Sie nach rechts über die Brücke und erreichen nach gut 150 m das Etappenziel, die historische Pfarrkirche in Längenfeld.

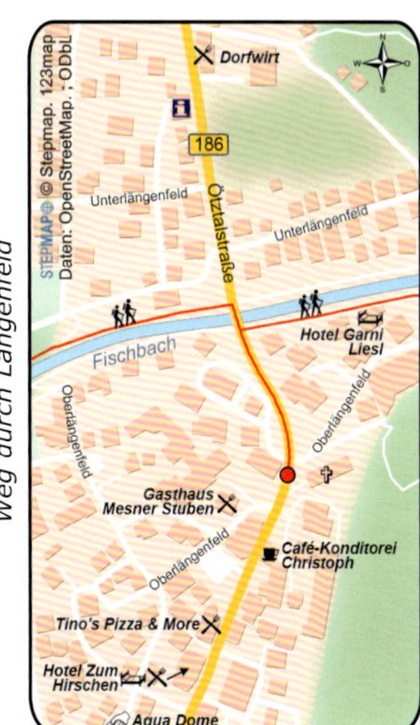

Weg durch Längenfeld

Längenfeld

Tourismusinformation Längenfeld, Unterlängenfeld 81, 6444 Längenfeld, +43/(0)57 20/03 00, www.oetztal.com, laengenfeld@oetztal.com, Mo-Fr 8:00-12:00 und 13:00-18:00, Sa und So 9:00-12:00 und 15:00-18:00

Hotel Zum Hirschen, Oberlängenfeld 11, 6444 Längenfeld, +43/(0)52 53/52 01, www.hotel-hirschen.com, info@hotel-hirschen.com, ÜF EZ ab € 70, DZ ab € 124, HP zusätzlich € 10 p. P., regionale und internationale Küche in einem historischen Haus aus dem Jahr 1590, freier Eintritt in die Badewelt des Aqua Dome, Restaurant: täglich 11:30-14:00 und 17:30-21:00

Hotel Garni Liesl, Oberlängenfeld 3, 6444 Längenfeld, +43/(0)52 53/52 48, www.liesl.com, info@liesl.com, ÜF EZ ab € 59, DZ ab € 106, kleines Hotel mit modernen Zimmern und direkt am Urweg gelegen, inkl. Ötztal Inside Summer Card

Gasthaus Mesner Stuben, Oberlängenfeld 24, 6444 Längenfeld, +43/(0)52 53/202 30, www.mesnerstuben.at, info@mesnerstuben.at, Mi-So 11:30-14:30 und 17:00-22:00. Ein denkmalgeschütztes Haus wurde hier liebevoll und traditionsbewusst restauriert und bietet typische Tiroler Küche auf hohem Niveau.

✗ Dorfwirt, Unterlängenfeld 23, 6444 Längenfeld, ☏ +43/(0)52 53/433 39, www.restaurant-dorfwirt.at, Mo-So 11:00-22:00, gut bürgerliche Küche mit großen Portionen

♦ Tino's Pizza & More, Oberlängenfeld 14, 6444 Längenfeld, ☏ +43/(0)52 53/647 90, www.tinos.at, info@tinos.at, Di-Sa 11:00-22:00, So und Mo geschlossen, frische Pizza und Pasta in lockerem Ambiente

Café-Konditorei Christoph, Oberlängenfeld 36, 6444 Längenfeld, ☏ +43/(0)52 53/50 78, www.cafe-christoph.at, info@cafe-christoph.at, Di-So 9:00-21:00, Mo Ruhetag, frische Kuchen und Eisspezialitäten auf der Sonnenterrasse

Aqua Dome-Tirol Therme Längenfeld, Oberlängenfeld 140, 6444 Längenfeld, ☏ +43/(0)52 53/64 00, www.aqua-dome.at, thermeninfo@aqua-dome.at, Therme: Mo-So 9:00-23:00. Mit der Ötztal Inside Summer Card erhalten Sie 3 Std. freien Eintritt. Insgesamt gibt es 12 Innen- und Außenbecken mit 34-36 °C Wassertemperatur und imposantem Blick auf die Ötztaler Bergwelt.

♦ Freischwimmbad Längenfeld, Unterlängenfeld 190c, 6444 Längenfeld, ☏ +43/(0)52 53/54 39, www.laengenfeld.com, Ende Mai bis Anfang Sep: 10:00-19:00, mit Ötztal Inside Summer Card kostenfrei

Kirche in Längenfeld

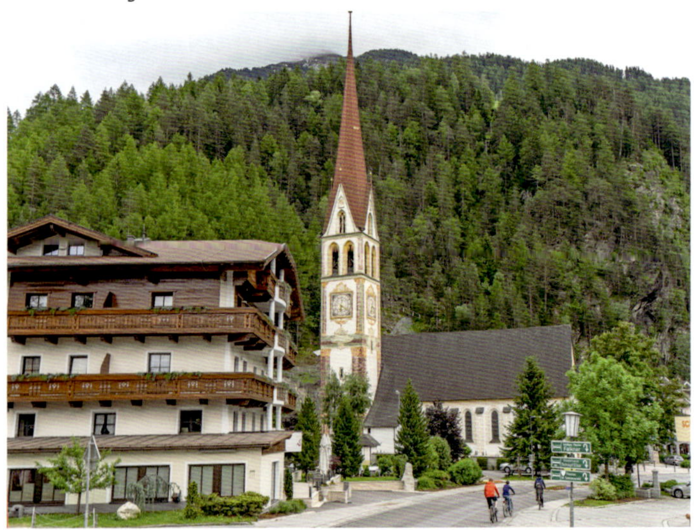

⌘ Das Ötztaler Heimat- und Freilichtmuseum dokumentiert in historischen Gebäuden die bäuerliche Tradition und Kultur des Tales.

Das Heimatmuseum ist ca. 2,5 km vom Ortskern entfernt, aber auch mit dem Bus erreichbar (Haltestelle „Längenfeld Lehner Au"). Im weiteren Verlauf führt die 10. Etappe (von Längenfeld nach Umhausen) in einer Entfernung von 650 m am Museum vorbei und bietet sich bei Interesse für einen ↳ Abstecher an.

♦ Ötztaler Heimat- und Freilichtmuseum, Lehn 24, 6444 Längenfeld, ☏ +43/(0)6 64/ 910 23 21, 🖳 www.oetztalermuseen.at, ✉ info@oetztalermuseen.at, 🚪 Juni bis Ende Sep: Mo-Fr 10:00-12:00 und 14:00-17:00, So 14:00-16:00, Sa geschlossen, Mai und Okt: Di und Do 10:00-12:00 und 14:00-16:00, mit Ötztal Inside Summer Card kostenfrei

Längenfeld ist zwar die größte Gemeinde im Ötztal, aber Hektik und Stress muss auch hier niemand fürchten. Die knapp 5.000 dort lebenden Menschen verteilen sich auf insgesamt 22 Dörfer, Weiler und Rotten auf einer 20 km langen Talebene und in den dazugehörigen Hanglagen. Das Zentrum bilden hierbei Unterlängenfeld und der Hauptort Oberlängenfeld, welche durch den Fischbach voneinander getrennt sind. Sehenswert ist die katholische Pfarrkirche in Oberlängenfeld, die erstmals 1303 urkundlich erwähnt und 1690 barockisiert wurde. Sie steht heute unter Denkmalschutz.

Die heilende Quelle in Längenfeld erfreute sich bereits im 16. Jahrhundert großer Beliebtheit. Das 40 °C warme Wasser strömt aus 1.865 m Tiefe in die zahlreichen Becken des heutigen Aqua Dome, wo Sie die Wirkung dieser anerkannten Heilquelle mit einem traumhaften Blick auf die umliegenden Berge genießen können.

Schutzheiliger Johannes von Nepomuk in Längenfeld

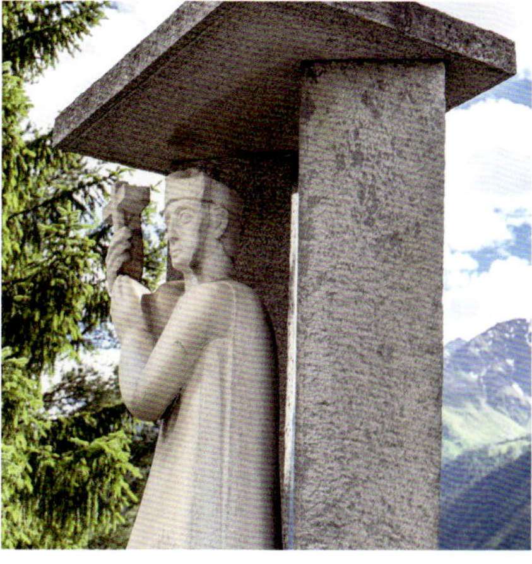

Längenfeld ist als einziger Ort gleich zweimal Etappenziel auf dem Ötztaler Urweg, im weiteren Verlauf endet hier auch die von Granstein ausgehende 9. Etappe.

4. Etappe: Längenfeld – Sölden

19,1 km, 6 Std. 30 Min., ↑ 1.108 m, ↓ 930 m, ⇧ 1.180-1.842 m

0,0 km	⇧ 1.180 m	Längenfeld, Pfarrkirche
1,6 km	⇧ 1.384 m	Brandalm
2,5 km	⇧ 1.391 m	Hängebrücke
5,0 km	⇧ 1.842 m	Jagdhütte
11,5 km	⇧ 1.235 m	Bruggen
12,7 km	⇧ 1.262 m	Aschbach
14,8 km	⇧ 1.451 m	Wasserfall
18,3 km	⇧ 1.342 m	Sölden Rechenau
19,1 km	⇧ 1.349 m	Sölden, Tourismusinformation

Die 4. Etappe auf dem Ötztaler Urweg gehört zu den längsten der gesamten Wanderung. Von Längenfeld führt der Weg zunächst über den schön angelegten Felsensteig auf das Hochplateau Brand hinauf, wo sich die Brandalm für eine erste kurze Rast anbietet. Wenig später wartet bereits der Höhepunkt des Tages: 200 m über dem Talboden quert der Urweg über die rund 80 m lange Hängebrücke nach Burgstein hinüber. Weiter geht es auf einem alten Jägersteig durch den dichten Bergwald, an einigen Stellen mit Tritten und Seilen versichert, bis zu einer Jagdhütte auf einer aussichtsreichen Lichtung auf 1.842 m Höhe. Der folgende Abstieg beginnt sehr steil, wird aber im weiteren Verlauf bald angenehmer. Auf dem Ötztaler Radweg gelangen Sie nun über Bruggen nach Aschbach, wo der Urweg die Hauptstraße quert und anschließend auf einem abwechslungsreichen Höhenweg in Richtung Sölden führt.

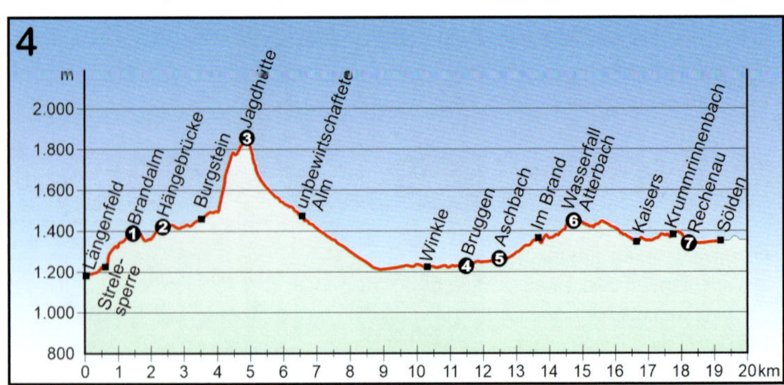

Zum Zeitpunkt der Recherche für diesen Wanderführer war die Ausschilderung auf diesem ersten Abschnitt teilweise noch falsch. Es wird empfohlen, sich an die folgende Wegbeschreibung zu halten.

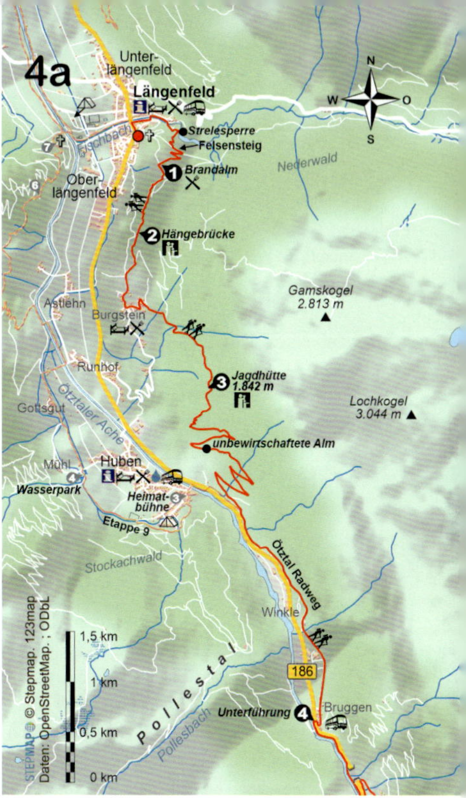

Von der ✝ Pfarrkirche in Längenfeld folgen Sie der Hauptstraße bis zur Brücke über den Fischbach. Vor dieser zweigt ein befestigter Weg nach rechts in Richtung Brand ab. Nach 200 m wechseln Sie über die kleine Brücke auf die andere Seite des Fischbachs und folgen diesem gegen die Fließrichtung („Felsensteig-Strelesperre").

Kurz vor dem Ende des Wohngebiets erreichen Sie eine weitere Brücke, über welche Sie wieder zurück auf die andere Seite wechseln und dem Forstweg aufwärts folgen. Auf Höhe der Strelesperre gelangen Sie über eine Treppe und eine kleine Brücke auf den schön angelegten Felsensteig, der mit zahlreichen Stufen und Seilen ausgestattet ist und mühelos hinaufführt. Der Steig mündet in einen breiten Forstweg, auf dem Sie weiter aufwärts wandern, bis wenig später die urige Brandalm ❶ erreicht ist.

✕ Brandalm, Oberlängenfeld 33a, 6444 Längenfeld, ☏ +43/(0)52 53/52 83, brandalm@gmx.at, Mai bis Okt: Mi-So 10:00-18:00, Mo und Di geschlossen (Juli und Aug nur Di Ruhetag), urige Alm auf einem aussichtsreichen Hochplateau

Von der Brandalm folgen Sie dem Wanderweg nach links, durchqueren dabei zwei Weidegatter und wechseln an der folgenden Weggabelung auf den schmalen Pfad, der rechts in Richtung Hängebrücke führt. Nach etwa 900 m durch den schattigen Bergwald erreichen Sie die spektakuläre Hängebrücke ❷.

Die Hängebrücke bei Längenfeld verbindet die beiden kleinen Weiler Brand und Burgstein, die beide sehr aussichtsreich über dem weitläufigen Talbecken gelegen sind.

In 200 m Höhe spannt sich die Brücke auf einer Länge von rund 80 m über die steinschlaggefährdete Maurer Rinne. Somit dient sie nicht nur als touristische Sehenswürdigkeit, sondern bietet auch Sicherheit beim Übergang zwischen den Weilern.

Nach einer kleinen Pause an der Hängebrücke, um die traumhafte Aussicht zu genießen, folgen Sie dem Wanderweg aus dem Wald heraus. Durch ein wahres Blumenmeer auf den umliegenden Wiesen gelangen Sie auf das Sonnenplateau Burgstein.

Burgstein

Hotel Burgstein-alpin & lifestyle, Burgstein 64, 6444 Längenfeld, +43/(0)52 53/52 13, www.hotel-burgstein.at, info@hotel-burgstein.at, ÜF EZ ab € 155, DZ ab € 203, inkl. Verwöhn-HP und Ötztal Inside Summer Card, elegantes 4* Wellnesshotel auf 1.500 m Höhe mit fantastischer Aussicht und Infinity-Pool mit Bergblick

Wirtshaus Burgstein, Burgstein 62a, 6444 Längenfeld, +43/(0)6 64/404 52 95, www.wirtshaus-burgstein.business.site, ÜF EZ € 35, DZ € 60, Juni bis Ende Sep: Mi-So 11:00-17:00, Gasthof mit einigen Zimmern, Getränken und hausgemachten Kuchen (keine warme Küche)

s'Dorfstüberl, Burgstein 64, 6444 Längenfeld, +43/(0)52 53/52 13, www.hotel-burgstein.at, info@hotel-burgstein.at, täglich 11:00-15:00, gemütliche Jausenstation des Hotel Burgstein (externe Gäste sind willkommen)

Der kleine Weiler Burgstein begeistert mit seiner sonnigen Lage, den bunt blühenden Blumenwiesen und einem einzigartigen Ausblick. Die beliebte Hängebrücke liegt nur wenige Gehminuten entfernt. Hier finden Sie auch ein schickes Hotel und einen kleinen Gasthof.

Wer die 3. und 4. Etappe leicht anpasst, kann hier oben auf dem Sonnenplateau Burgstein auf fast 1.500 m Höhe übernachten. In unmittelbarer Nähe der Hängebrücke Längenfeld finden Sie eine wunderschöne Aussicht auf das Ötztal und die gegenüberliegende Bergwelt. Absolute Ruhe und Einsamkeit sind garantiert. Ein weiterer Vorteil ist, dass die lange 4. Etappe durch diese Anpassung ein wenig verkürzt wird.

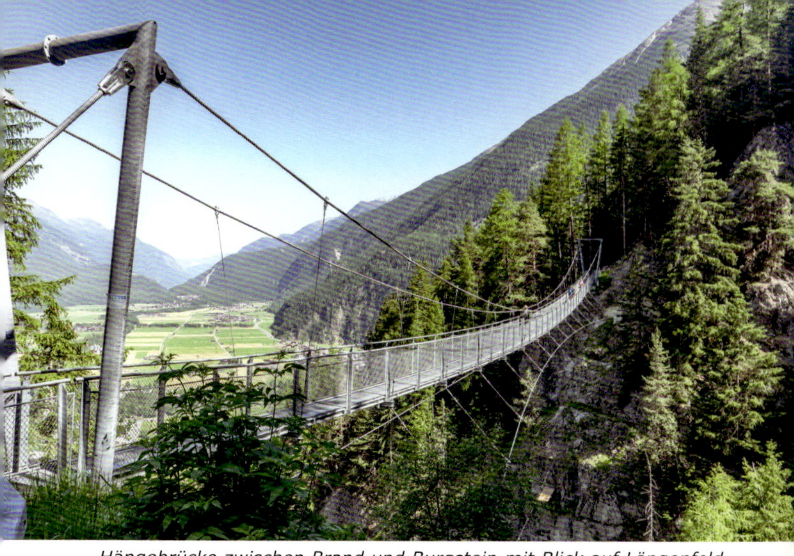

Hängebrücke zwischen Brand und Burgstein mit Blick auf Längenfeld

In Burgstein biegen Sie gegenüber dem Hotel Burgstein nach links in die Straße Oberburgstein ab und folgen dieser aufwärts. Auf Höhe der letzten Höfe durchqueren Sie das Weidegatter und wandern auf dem Forstweg in den Wald hinein. In der ersten Kurve verlassen Sie den Forstweg und folgen dem schmaleren Pfad geradeaus. Kurz darauf überqueren Sie einen kleinen Bachlauf und nach weiteren 20 m biegt links ein unscheinbarer Steig ab, mit der typischen Bergwegmarkierung in rot-weiß-rot. Auf diesem alten Jägersteig geht es fortan steil bergauf, stets im dichten und schattigen Bergwald. Der Weg ist größtenteils naturbelassen und gelegentlich helfen Tritte und Seile über unwegsame Abschnitte hinweg. Nach gut 1 km und 350 Hm mündet der Steig in eine aussichtsreiche Lichtung, auf der sich eine private Jagdhütte ❸ befindet.

Das kleine Hochplateau bietet ein beeindruckendes Gipfelpanorama: Auf der gegenüberliegenden Talseite ragt in der zweiten Reihe der schroffe Geigenkamm in die Höhe, taleinwärts sind bereits die hohen Gipfel des hinteren Ötztals und der Stubaier Alpen zu erkennen.

Von der Holzbank aus geht es leicht links auf einem schwach ausgetretenen Pfad weiter, der bald darauf deutlicher zu erkennen ist. Der Abstieg ist ebenso steil wie der vorhergegangene Aufstieg.

Vor allem bei Nässe wird der Weg rutschig und erfordert eine solide Trittsicherheit. Wanderstöcke sind auf diesem Abschnitt sehr empfehlenswert.

Nach dem steilen Abstieg wird das Gelände flacher und der Steig geht zunächst in einen breiteren Waldweg und letztlich in einen Forstweg über. Diesem folgen Sie in zahlreichen langen Kehren abwärts, vorbei an einer unbewirtschafteten Alm, bis Sie auf die befestigte Straße nahe dem Steinbruch treffen.

Sie folgen nun dem Forstweg taleinwärts in Richtung Bruggen und Aschbach. Auf diesem Abschnitt entspricht der Wegverlauf des Ötztaler Urweges dem Ötztal Radweg. Außerdem entspricht der Weg zwischen dem Steinbruch und dem Weiler Aschbach der späteren 9. Etappe, daher ist er in beide Richtungen ausgeschildert. Halten Sie sich stets taleinwärts.

Auch viele E-Bikes sind – oftmals mit überhöhter Geschwindigkeit – auf dem Ötztal Radweg unterwegs. Bitte wandern Sie auf diesem Abschnitt möglichst am Wegrand und mit der nötigen Aufmerksamkeit.

Der Ötztal Radweg verläuft stets parallel zur Ötztalstraße und zur Ötztaler Ache. Vorbei am kleinen Weiler Winkle gelangen Sie in den Weiler Bruggen ❹. Hier finden Sie, falls benötigt, eine Bushaltestelle mit Unterstand. Nach einer Rechtskurve geht es auf dem Radweg durch die Unterführung hindurch und weiter in Richtung Aschbach. Durch den Wechsel auf die andere Seite der Ötztalstraße wandern Sie nun direkt an der wilden Ötztaler Ache entlang, an deren Ufer es im Frühling und Sommer farbenfroh blüht.

Nach 1 km erreichen Sie eine Brücke. Hier nehmen Sie links hinunter den kleinen Trampelpfad, der unter der Hauptstraße hindurch in den Weiler Aschbach ❺ führt. Der Weg unter der Straße sieht auf den ersten Blick nicht sehr vertrauenserweckend aus, ist aber richtig.

Aschbach

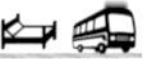

Haus Alpenglühn, Aschbach 47, 6444 Huben, ☏ +43/(0)52 53/55 16, www.haus-alpengluehen.at, ÜF EZ € 48, DZ € 88, inkl. Ötztal Inside Summer Card

Der winzige Weiler Aschbach besteht aus wenigen Häusern, Ferienwohnungen und Bauernhöfen. Taleinwärts könnte hier lediglich die Bushaltestelle relevant werden, später auf der 8. Etappe auch die Übernachtungsmöglichkeiten.

Auf der anderen Seite wandern Sie nach links zum großen hölzernen Ortsschild und folgen der Straße aufwärts. Dabei lassen Sie die letzten Häuser bald hinter sich und verlassen die Straße in der Kehre vor dem Bauernhof Klotz an einer aussichtsreichen Holzbank und folgen dem Forstweg nach rechts in Richtung Sölden. Nach 200 m, an der nächsten Weggabelung, wechseln Sie auf den schmaleren Pfad nach links. Der Ötztaler Urweg verläuft nun im lichten Bergwald den Hang entlang. Immer wieder bieten sich Ausblicke auf den markanten Nederkogel, der hinter Sölden in die Höhe ragt. Dennoch sollten Sie den Blick hier auf den Weg richten, denn der schmale Pfad verläuft durch steiles Gelände.

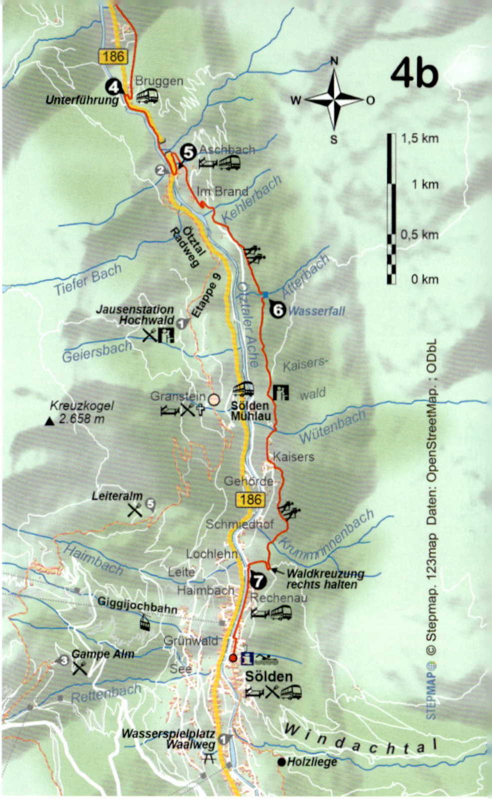

Im Anschluss passieren Sie einen kleinen Wasserfall ❻ im Kaiserswald, bevor Sie knapp 1 km weiter den Bergwald verlassen und auf eine offene Wiesenfläche wandern. Trotz der relativ niedrigen Lage auf 1.400 m Höhe bietet sich hier einer der schönsten Ausblicke der gesamten Etappe: Die Ortschaft Sölden liegt im engen Tal, auf beiden Seiten eingerahmt von dichtem Bergwald, und im Hintergrund thront der mächtige Nederkogel mit seinen 3.163 m.

Der Weg verläuft kurz im Wechsel zwischen Wald und Waldrand, bevor er durch Felder und Wiesen in den Weiler Kaisers absteigt. Am Rand der kleinen Siedlung verlässt der Urweg die Straße und zieht sich durch eine steile Wiese links hinauf. Dieses Wegstück ist mit einem Holzzaun markiert und somit leicht erkennbar. Nach dem steilen Anstieg wird der Weg flacher und setzt sich als breiter Forstweg oberhalb der „Vororte" Söldens fort. Oberhalb des Weilers Schmiedhof überquert der Weg einen Bach und knapp 300 m weiter erreichen Sie eine kleine Kreuzung im Wald.

Zum Zeitpunkt der Recherche war die Wegmarkierung hier sehr ungünstig platziert und kaum sichtbar. Im weiteren Verlauf war die Markierung nur dürftig vorhanden. Halten Sie sich hier am besten an die Wegbeschreibung in diesem Wanderführer.

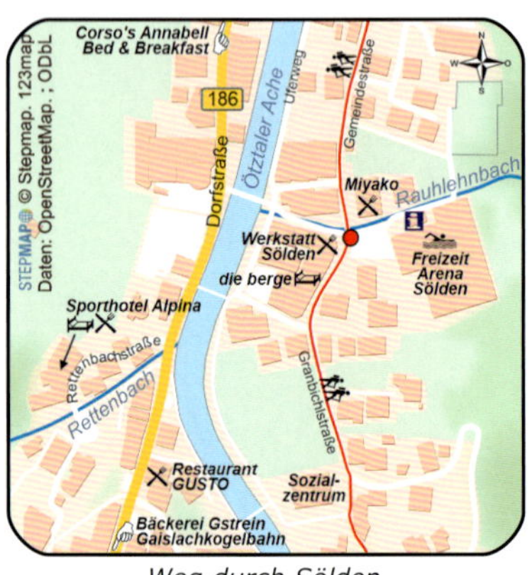

Weg durch Sölden

An der kleinen Kreuzung nehmen Sie den schmalen Pfad rechts hinunter, folgen diesem zunächst knapp 100 m nach rechts, bevor Sie sich links halten und dem Weg an der Natursteinmauer entlang abwärts folgen. An der befestigten Straße in Rechenau ❼ angekommen, gehen Sie nach links zur Brücke über die Ötztaler Ache. Vor der Brücke nehmen Sie den kleinen Fußweg taleinwärts, der Sie am Ufer der Ache entlang in Richtung Ortszentrum führt. Hinter dem Spielplatz und der Heimatbühne biegen Sie links ab. Anschließend nehmen Sie die Gemeindestraße nach rechts und gelangen auf dieser zum Endpunkt der Etappe, der Tourismusinformation an der Freizeit Arena Sölden.

Sölden

Tourismusinformation Sölden, Gemeindestraße 4, 6450 Sölden, +43/(0)57 20/02 00, www.oetztal.com, soelden@oetztal.com, Mo-Sa 8:00-12:00 und 13:00-17:00, So 9:00-12:00 und 15:00-17:00

Sporthotel Alpina, Rettenbachstraße 4, 6450 Sölden, +43/(0)52 54/50 12-0, www.alpina.riml.com, alpina@riml.com, ÜF EZ ab € 85, DZ ab € 136, HP zusätzlich € 15 p. P., inkl. Ötztal Inside Summer Card

die berge lifestyle-hotel sölden, Gemeindestraße 2, 6450 Sölden, +43/(0)52 54/20 62, www.dieberge.at, info@dieberge.at, ÜF EZ € 101, DZ € 122, modernes Hotel mit Infinity-Pool, direkt gegenüber der Freizeit Arena Sölden, inkl. Ötztal Inside Summer Card

B&B Corso's Annabell Bed & Breakfast, Dorfstraße 6, 6450 Sölden, + 43/(0)52 54/24 98, www.oetztalarena.at, annabell@oetztalarena.at, ÜF EZ € 32, DZ € 70, moderne und günstige Zimmer etwas außerhalb des Zentrums

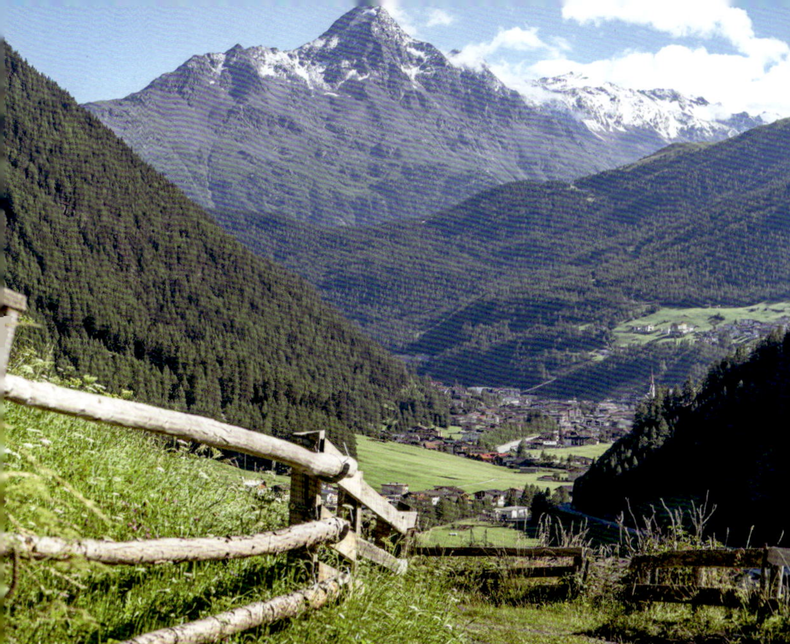

Blick auf Sölden

✕ Restaurant GUSTO, Dorfstraße 27, 6450 Sölden, ☏ +43/(0)52 54/22 72, www.gusto-soelden.at, info@gusto-soelden.at, Mo-Mi und Fr-So 11:00-22:00, Do Ruhetag, italienische Küche und gängige Fleischgerichte wie Schnitzel

♦ Werkstatt Sölden, Gemeindestraße 2, 6450 Sölden, ☏ +43/(0)52 54/202 22, www.werkstatt-soelden.ws, soelden@werkstatt.ws, Mi-So 12:00-22:00, Burger und Steaks im amerikanischen Diner-Stil

♦ Miyako, Gemeindestraße 8, 6450 Sölden, ☏ +43/(0)6 64/467 70 50, www.miyako-soelden.at, miyako.soelden@gmail.com, Mo, Di und Do-So 11:30-14:30 und 17:00-22:00, Mi Ruhetag, asiatische Küche

Bäckerei Gstrein, Dorfstraße 127, 6450 Sölden, ☏ +43/(0)52 54/23 69, www.baeckerei-gstrein.at, info@baeckerei-gstrein.at, Mo-Sa 7:00-12:00, So 7:00-10:00, täglich frische Backwaren aus eigener Herstellung

Freizeit Arena Sölden, Gemeindestraße 4, 6450 Sölden, ☏ +43/(0)52 54/25 14, www.freizeit-soelden.com, info@freizeit-soelden.com, Erlebnisbad: Mo-So 11:00-21:00 (freitags nur bis 20:00), mit der Ötztal Inside Summer Card ist der Eintritt frei

⌘ Ein Pflichtbesuch für echte Fans ist die James-Bond-Erlebniswelt im 007 Elements auf dem Gaislachkogel, auf über 3.000 m Höhe inmitten der Ötztaler Bergwelt. Es werden cineastische Installationen und Hightech-Galerien rund um „Spectre“ und andere Filme der weltbekannten Reihe gezeigt.

♦ 007 Elements, Dorfstraße 115, 6450 Sölden, ☏ +43/(0)52 54/50 80,
💻 www.007elements.soelden.com, ✉ 007elements@soelden.com,
🚪 Ende Juni bis Ende Sep: Di-So 9:00-15:30, Mo geschlossen

☺ Die Auffahrt zum Museum erfolgt mit der Gaislachkogelbahn (Talstation: Dorfstraße 115, 6450 Sölden). Bei Übernachtung in einem der Ötztal Inside Summer Card Partnerbetriebe, ist die Berg- und Talfahrt am Folgetag kostenfrei. Es muss lediglich das Eintrittsticket gekauft werden. Es empfiehlt sich also, auch wegen der Öffnungszeiten, ein Besuch nach der Übernachtung in Sölden, bevor es nach Obergurgl weitergeht.

Sölden gehört zu den bekanntesten Orten im Ötztal, ist allerdings eher für endlose Skipisten und sein winterliches Nachtleben bekannt. Im Sommer geht es deutlich ruhiger zu und die Hänge gehören all jenen, die zu Fuß oder mit Mountainbikes unterwegs sind. Dennoch bietet Sölden das wohl größte Angebot an Hotels, Pensionen, Restaurants und Freizeitmöglichkeiten im gesamten Tal. Der ursprüngliche Charakter des ehemaligen Bergdorfes ging mit dem wachsenden Tourismus größtenteils verloren. Heutzutage geht es international und modern zu: ausländische Restaurants, ein modernes Museum und zahlreiche Bergbahnen. Bekannt ist Sölden, der Gaislachkogel im Speziellen auch als Drehort des James Bond Films „Spectre“. Für Fans der Reihe ist ein Besuch des Museums 007 Elements und des Gourmet-Restaurants ice Q sicherlich ein Höhepunkt.

Erinnerung an eine wilde Verfolgungsjagd in „Spectre“

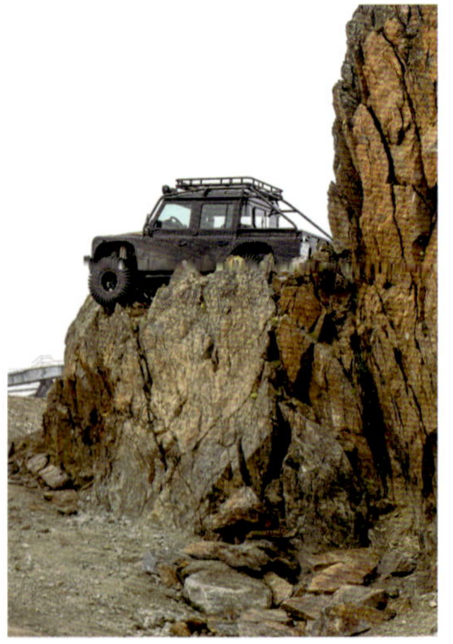

Als Etappenort auf dem Ötztaler Urweg bietet Sölden eine umfangreiche Infrastruktur: Banken, Postamt, Supermärkte und zahlreiche Sportgeschäfte, falls die Ausrüstung einen Ersatz oder eine Ergänzung benötigt.

5. Etappe: Sölden – Obergurgl

14,4 km, 5 Std. 30 Min., 880 m, 370 m, 1.348-1.907 m

0,0 km	1.349 m	Sölden, Tourismusinformation
0,8 km	1.359 m	Wasserspielplatz Waalweg
2,3 km	1.479 m	Moosalm
4,3 km	1.452 m	Zwieselstein
8,2 km	1.672 m	Sahnestüberl
9,9 km	1.786 m	Pillersee
14,4 km	1.906 m	Obergurgl, Piccard-Denkmal

Die 5. Etappe des Ötztaler Urweges führt tief hinein in den Talschluss, ganz nah heran an die eisigen Gipfel am Gurgler Ferner. Der Start in Sölden orientiert sich am Waalweg Mooserstegle, der einen schönen Einblick in die alten Bewässerungskanäle (Waale) bietet. Weiter geht es von der Moosalm zunächst durch blühende Wiesen und anschließend immer tiefer hinein in die enge Kühtrainschlucht. Am Ende der Schlucht liegt das idyllische Dorf Zwieselstein, wo sich das Ötztal in Gurgler und Venter Tal teilt, während die Gurgler und Venter Ache sich zur wilden Ötztaler Ache vereinen. Auf den Spuren des Europäischen Fernwanderweges E5 verläuft der Urweg durch den lichten Bergwald stets entlang der Gurgler Ache bis zur urigen Jausenstation Sahnestüberl. Vorbei am malerischen Pillersee führt der Weg mit einem eindrucksvollen Blick auf die Gurgler Bergwelt nach Obergurgl, wo die Etappe am Piccard-Denkmal im Ortszentrum endet.

☺ Wenn Sie die Wanderung ausgiebig genießen möchten, können Sie die Etappe von Sölden nach Obergurgl (14,4 km) in zwei Etappen aufteilen und in Zwieselstein übernachten. Auf diese Weise entstehen zwei kurze Etappen (4,3 und 10,1 km), die ausreichend Zeit für die Vorteile der Ötztal Inside Summer Card bieten (bei Übernachtung in Partnerbetrieben). So können Sie zum Beispiel in Sölden mit der Bergbahn auf den Gaislachkogel fahren oder die Freizeit Arena besuchen. In Obergurgl können Sie mit der Bergbahn auf die Hohe Mut zur gleichnamigen Alm fahren und mit dem Rotmoostal eine der schönsten Berglandschaften des Ötztals kennenlernen. Jeden Dienstag, Donnerstag und Freitag im Sommer können Sie mit den Bergbahnen in Hochgurgl zum Top Mountain Star hinauffahren. Auf 3.080 m Höhe bietet die Panoramabar einen spektakulären 360-Grad-Blick über das Gipfelmeer der Ötztaler und Stubaier Alpen. Sie können auch den Wellnessbereich ihres Hotels nutzen und vor den nächsten, anstrengenden Etappen ein wenig entspannen.

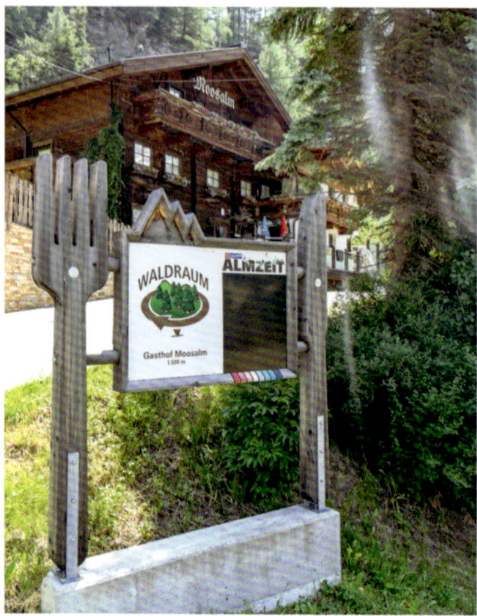

Moosalm

Sie starten von der Freizeit Arena Sölden, gehen am Hotel die berge vorbei bis zur Gabelung am Sozialzentrum, wo Sie den steilen Weg rechts aufwärts wählen. Oben angekommen, führt der Weg direkt wieder hinunter. Sie überqueren die Straße und folgen dem Pfad taleinwärts am Ufer der Ache entlang. Hinter der kleinen Holzbrücke wandern Sie links am Wasserspielplatz Waalweg ❶ vorbei durch die Wiese. Der Pfad wird bald darauf zu einer befestigten Straße und verläuft am Bach entlang aufwärts bis zum Kraftwerk. Hier verlässt der Ötztaler Urweg das Siedlungsgebiet von Sölden und Sie folgen dem steilen Pfad aufwärts in den schattigen Brunnebenwald, wo Sie sich an der Ausschilderung „Waalweg" orientieren. An einer kleinen Weggabelung auf 1.500 m Höhe biegen Sie scharf rechts ab in Richtung „Moosalm". Das Gelände wird nun merklich flacher und nacheinander passieren Sie eine Holzliege, eine Bank und einen Rastplatz. Etwa 50 m nach dem Rastplatz trifft der Wanderweg auf eine Straße, der Sie rechtsherum hinunterfolgen bis zur schön gelegenen 🛏 ✕ Moosalm ❷.

🛏 ✕ Moosalm, Moosalmstraße 2, 6450 Sölden, ☏ +43/(0)52 54/25 72, 💻 www.moosalm-soelden.com, ✉ moosalm@direkt.at, ÜF EZ ab € 46, DZ ab € 76, gemütlicher Gasthof in schöner Lage etwas oberhalb von Sölden

☺ Wer Ruhe und Abgeschiedenheit sucht, der kann die 4. und 5. Etappe anpassen und auf der idyllischen Moosalm übernachten, anstatt im trubeligen Ortszentrum von Sölden.

An der Moosalm wandern Sie geradeaus weiter durch die blühenden Wiesen bis zur Moosstraße. Dieser folgen Sie 50 m nach rechts, bevor Sie gegenüber dem Gästehaus Scheiber nach links in die Kühtrainschlucht abbiegen. Auf dem schmalen Pfad wandern Sie wenige Meter über der wilden Ötztaler Ache durch die enge, felsige Schlucht.

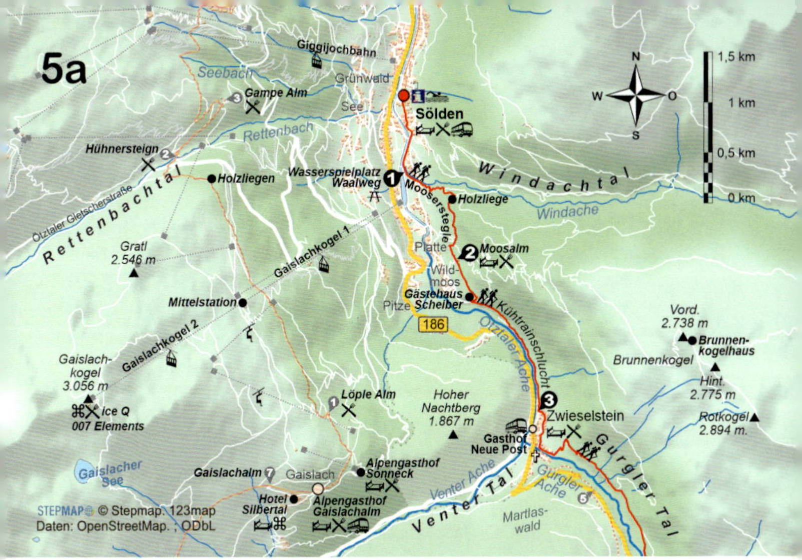

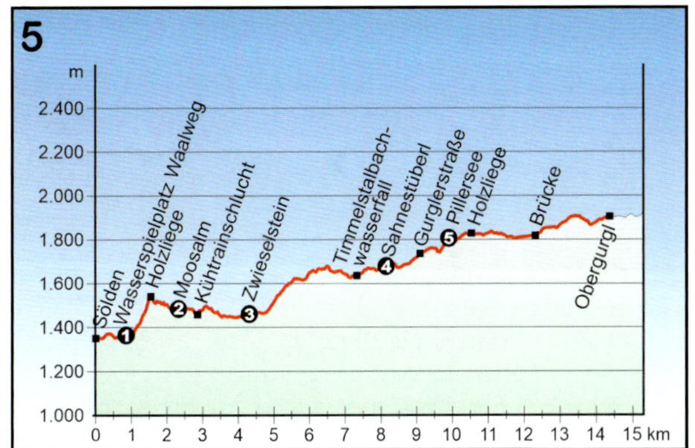

Der Weg durch die Kühtrainschlucht wird auch als Mountainbike-Trail genutzt und ist an einigen Stellen sehr schlecht einsehbar. Bitte seien Sie auf diesem Abschnitt besonders aufmerksam und halten Sie sich möglichst am Wegrand.

Vor Erschließung des hinteren Ötztals durch die Ötztalstraße, war der enge Weg durch die Kühtrainschlucht die einzige Verbindung von Zwieselstein, Gurgl und Vent mit dem mittleren und vorderen Ötztal.

Nach einem knappen Kilometer verlassen Sie den Wald und somit auch die Schlucht. Sie erreichen die kleine Ortschaft Zwieselstein ❸, wo sich das Ötztal teilt.

Zwieselstein

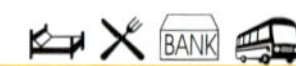

Gasthof Zwieselstein, Kühtrainstraße 14, 6450 Zwieselstein, +43/(0)52 54/35 03, www.zwieselstein.at, info@zwieselstein.at, ÜF EZ ab € 64, DZ ab € 108, HP zusätzlich € 13 p. P., Restaurant: 12:00-14:00 und 17:30-21:00 (14:00-17:30 reduzierte Speisekarte), sehr gute Tiroler Küche, inkl. Ötztal Inside Summer Card

♦ Hotel & Restaurant Neue Post, Gurglerstraße 1, 6450 Zwieselstein, +43/(0)52 54/29 10, www.post-soelden.at, info@post-soelden.at, ÜF EZ ab € 71, DZ ab € 136, Restaurant: 12:00-14:00 und 18:00-21:00 (14:00-18:00 reduzierte Speisekarte)

Haus Sonnschein, Kühtrainstraße 28, 6450 Zwieselstein, +43/(0)52 54/29 95, www.sonnschein-zwieselstein.at, info@sonnschein-zwieselstein.at, ÜF EZ € 47,50, DZ € 95, liebevoll geführte Pension mit schönen Zimmern und sehr gutem Frühstück, inkl. Ötztal Inside Summer Card

Blick auf Zwieselstein

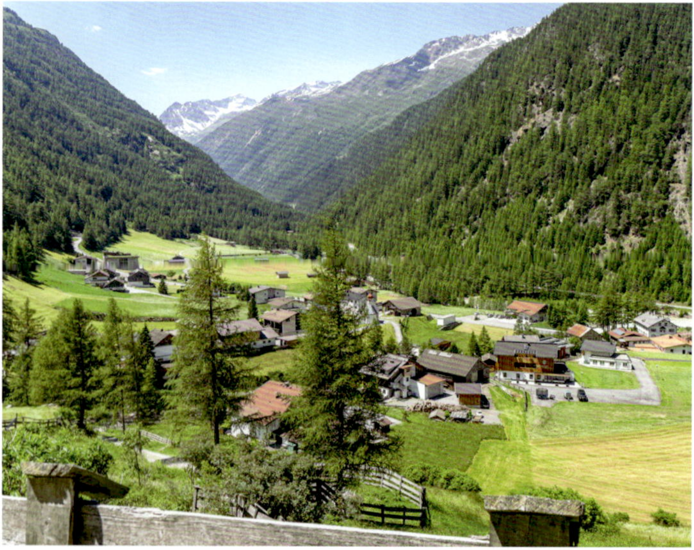

Die Ortschaft Zwieselstein gehört noch zum Gemeindegebiet von Sölden, liegt allerdings ein ganzes Stück außerhalb in traumhaft ruhiger Lage. Hier teilt („zwieselt") sich das Ötztal in Gurgler und Venter Tal, außerdem fließen die Gurgler und Venter Ache zur Ötztaler Ache zusammen. Es gibt einige Hotels und Pensionen, einen Geldautomaten und eine Bushaltestelle. Sehenswert ist die schöne Kapelle vor der Kulisse des Nederkogels.

In Zwieselstein biegen Sie auf Höhe des Spielplatzes, gegenüber dem Gasthof Zwieselstein, nach links in den Roanweg ab. Sie folgen der Straße aufwärts und verlassen diese an der nächsten Gabelung nach links. Auf der kleineren Forststraße gelangen Sie zur Gurgler Ache, wo Sie dem Hochstattweg nach links folgen. Aus der Straße wird ein Forstweg und schnell lassen Sie die Ortschaft unter sich.

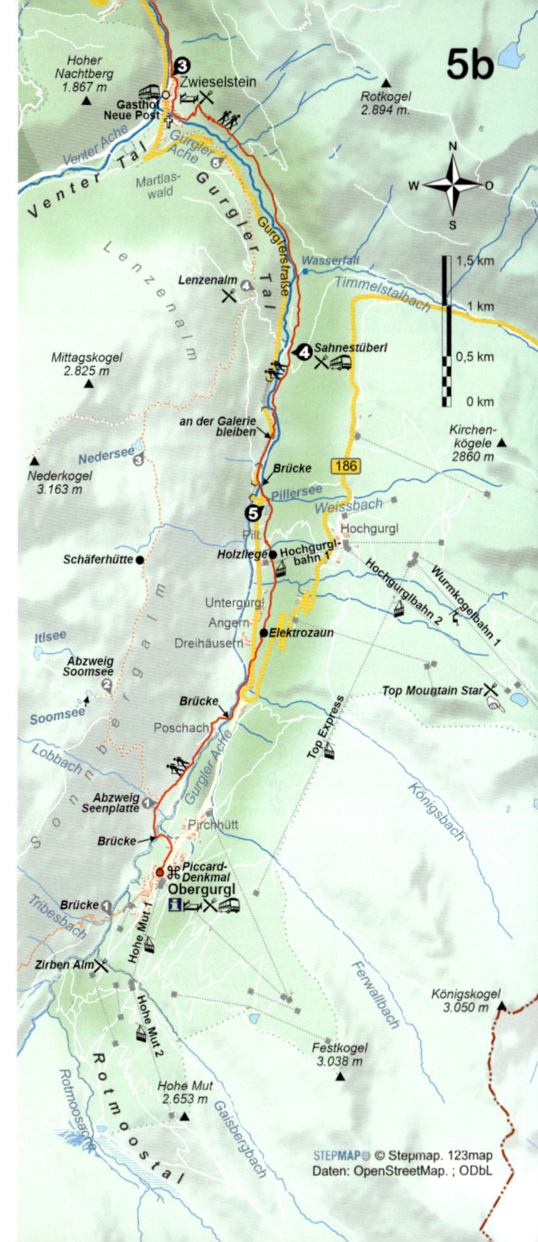

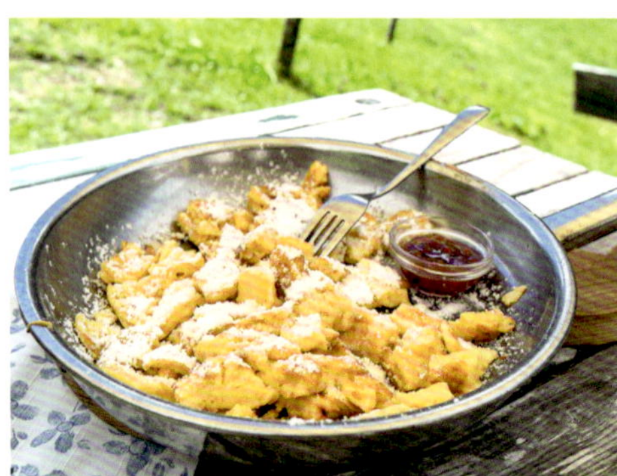
Kaiserschmarrn im Sahnestüberl

In steilen Kehren führt der Weg in den Bergwald hinauf. Auf diesem Abschnitt entspricht der Wegverlauf dem Europäischen Fernwanderweg E5, daher können Sie sich an den üblichen rot-weiß-roten Bergwegmarkierungen orientieren. Nach dem ersten steilen Anstieg wird das Gelände bald flacher. An einer Weggabelung halten Sie sich rechts und folgen der Ausschilderung in Richtung „Sahnestüberl". Nun folgt einer der landschaftlich schönsten Abschnitte dieser Etappe: Der Weg verläuft in unmittelbarer Nähe zur Gurgler Ache, die hier durch ein breites Flussbett mäandert, während im Hintergrund erstmals die hohen Gipfel im Gurgler Talschluss in Erscheinung treten. Nur wenige Meter weiter stürzt linker Hand der Timmelstalbachwasserfall rasant in die Tiefe. Passend zu dieser perfekten Bergidylle erreichen Sie kurz darauf die urige ✕ Jausenstation Sahnestüberl ❹, wo eine Einkehr für diejenigen, die die Region gut kennen, fast schon Pflicht ist.

✕ Sahnestüberl, Zwieselsteintajen 6, 6456 Zwieselstein, ☏ +43/(0)6 80/203 69 48, ✉ sahnestueberl@gmx.at, Mitte Juni bis Anfang Okt: Di-So 10:00-19:00, Mo Ruhetag, urige Alm in idyllischer Lage mit fantastischem Kaiserschmarrn

Vor der Terrasse folgen Sie dem Weg über die Wiese, durchqueren das Weidegatter und umgehen ein abgelegenes Haus linksherum. Durch das breite, fast trockene Flussbett gelangen Sie zu einer Brücke, über welche Sie die Gurgler Ache überqueren. Der Weg steigt nun leicht an und mündet in einen kleinen Parkplatz an der Gurglerstraße. Ab hier gehen Sie bitte im Grünstreifen direkt an der Galerie entlang, nicht auf dem Pfad etwas unterhalb.

Dieser Wegabschnitt wurde erst kurz vor Abschluss der Recherchearbeit umgelegt. Im Hang oberhalb gab es 2020 einen größeren Bergrutsch und der Hang gilt weiterhin als instabil. Im Grünstreifen direkt an der Galerie (Unterführung) wandern Sie allerdings im Sicherheitsbereich, geschützt durch das Vordach.

Nach gut 400 m führt der Urweg links hinunter, quert die wilde Ache über eine Brücke in der engen Schlucht und steigt auf der anderen Talseite im lichten Wald zum idyllischen Pillersee ❺ auf.

Im folgenden Wegverlauf ist die Markierung nicht immer eindeutig, daher wird dieser Abschnitt sehr detailliert beschrieben.

Am See vorbei gelangen Sie zu einer kleinen Weggabelung, halten sich links und kreuzen kurz darauf einen Forstweg. Nur 40 m weiter mündet der Pfad in eben diesen Forstweg und Sie folgen diesem, bis er auf den Schotterweg trifft, der sich im Skigebiet in zahlreichen Kehren den Hang hinaufschlängelt. Diesem Schotterweg folgen Sie 20 m nach links bis zu einer Kreuzung. An dieser nehmen Sie den unscheinbaren Pfad nach rechts, der sich an den E5-Markierungen entlang durch die Bergwiesen zieht. Hier wandern Sie im Wechsel durch Wiesen und lichten Wald, an der unterhalb von Ihnen liegenden Talstation der Hochgurglbahn vorbei, bis der Pfad am Elektrozaun hinter einem Bauernhof scheinbar endet.

Hier müssen Sie **unter** dem Elektrozaun hindurch! Dies ist vom Landwirt ausdrücklich gestattet und tatsächlich die einzige Möglichkeit.

Am Bauernhof muss man unter dem Elektrozaun hindurch

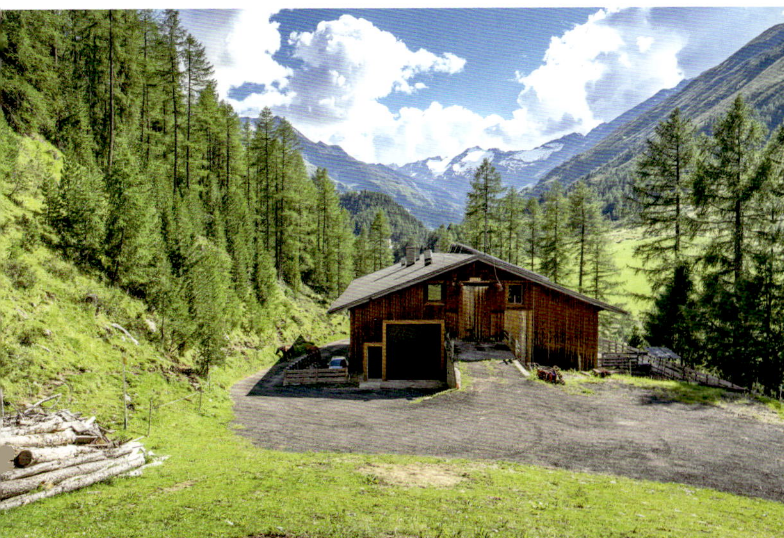

Auf dem Schotterweg, links am Hof vorbei, gelangen Sie zur Hauptstraße. Diese überqueren Sie mit der nötigen Vorsicht und folgen anschließend dem Weg rechts hinunter. An der folgenden Weggabelung halten Sie sich links und folgen der Gurgler Ache taleinwärts, bis Sie diese über eine Brücke nach rechts überqueren. Auf dem breiten Forstweg führt der Ötztaler Urweg weiter in Richtung Obergurgl. Es ist eine Zielgerade wie aus dem Bilderbuch: blühende Bergwiesen, das Pfeifen der Murmeltiere, flauschige Hochlandrinder und im Talschluss die eisigen Gipfel rund um den Gurgler Ferner. Spätestens hier wird klar, dass die nächsten Etappen in hochalpines Gelände führen werden.

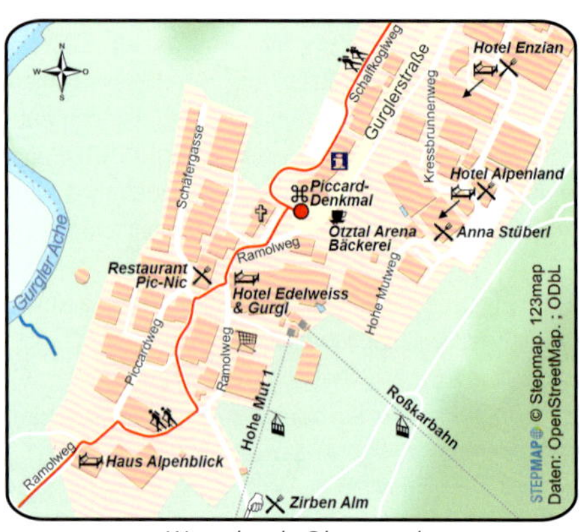

Weg durch Obergurgl

Der Weg zieht sich in einem sanften Bogen durch den Hang, bevor er gemächlich nach links hinunterführt und ein letztes Mal auf dieser Etappe die Gurgler Ache überquert. Durch die Wiese gelangen Sie an den Ortsrand, wo Sie zunächst dem Seenplattenweg und anschließend dem Schalfkoglweg nach rechts folgen. Letzterer endet direkt am ⌘ Piccard-Denkmal, gegenüber der ✞ Kirche.

Im Jahr 1989 errichtet, erinnert das ⌘ Piccard-Denkmal an die Notlandung von Prof. Auguste Piccard am 27. Mai 1931 auf dem Gurgler Ferner. Die Nachricht über seine Rettung verbreitete sich seinerzeit auf der ganzen Welt und machte das damals noch verschlafene Bergbauerndorf Obergurgl weltbekannt. Nachdem Piccard und sein Assistent Paul Kipfer von Augsburg aus starteten, stiegen sie als erste Menschen mit einem Ballon in die Stratosphäre auf und erreichten eine Höhe von über 16.000 m. Wegen eines technischen Defekts landeten die beiden Forscher zufällig auf den Eismassen des Gurgler Ferners.

Obergurgl

ℹ Tourismusinformation Gurgl, Gurglerstraße 118, 6456 Obergurgl,
☎ +43/(0)57 20/01 00, 💻 www.oetztal.com, ✉ gurgl@oetztal.com,
🚪 Mo-Fr 8:00-13:00 und 14:00-17:00, Sa 8:00-12:00, So geschlossen

Hotel Alpenland, Kressbrunnenweg 6, 6456 Obergurgl, ☏ +43/(0)52 56/63 37, www.hotelalpenland.at, info@hotelalpenland.at, ÜF EZ ab € 80, DZ ab € 156, HP zusätzlich € 15 p. P., inkl. Ötztal Inside Summer Card

♦ Hotel Enzian, Kressbrunnenweg 5, 6456 Obergurgl, ☏ + 43/(0)52 56/62 35, www.hotelenzian.at, enzian@obergurgl.com, ÜF EZ ab € 84, DZ ab € 154, HP zusätzlich € 10 p. P., inkl. Ötztal Inside Summer Card

Haus Alpenblick, Ramolweg 21, 6456 Obergurgl, ☏ +43/(0)52 56/64 04, www.alpenblick-obergurgl.com, alpenblick@obergurgl.com, ÜF EZ ab € 61, DZ ab € 100, familiär geführtes Hotel mit modernen Zimmern in bester Lage, inkl. Ötztal Inside Summer Card

Restaurant Pic-Nic, Piccardweg 2, 6456 Obergurgl, ☏ +43/(0)52 56/63 62, Ende Juni bis Mitte Sep: Mo, Di und Do-So 11:30-22:00, Mi Ruhetag, bekannt für seine Pizza

♦ Anna Stüberl (im Hotel Alpenland), Kressbrunnenweg 6, 6456 Obergurgl, ☏ +43/(0)52 56/63 37, www.hotelalpenland.at, info@hotelalpenland.at, täglich 18:30-20:00

♦ Zirben Alm, Gaisbergweg 25, 6456 Obergurgl, ☏ +43/(0)52 56/63 32, www.zirbenalm.at, feiern@zirbenalm.at, täglich 9:00-17:00, urige Alm mit typisch Tiroler Küche (1,2 km vom Zentrum entfernt)

Ötztal Arena Bäckerei, Gurglerstraße 131, 6456 Obergurgl, ☏ +43/(0)52 56/229 07, www.oetztal-baeck.at, Mo-Fr 7:30-16:00, Sa 7:00-13:00, So geschlossen

Obergurgl ist wie auch Sölden eine klassische Winterdestination. Im Sommer bleiben zahlreiche Hotels geschlossen und der Ort wirkt ein wenig verlassen. Abseits der Bergbahnen und Liftanlagen wartet allerdings eine traumhafte Landschaft mit dem mächtigen Gurgler Ferner im Talschluss.

Es ist das letzte Dorf im Talschluss, bevor der Ötztaler Urweg auf seiner Königsetappe über das Ramolhaus und Ramoljoch (oder alternativ über die Gurgler Seenplatte und Zwieselstein) nach Vent quert.

Für diejenigen, die auf dem Ramolhaus übernachten werden, ist es somit die letzte Möglichkeit, an Bargeld zu kommen (auf der Hütte ist nur Barzahlung möglich).

Es gibt einen kleinen Supermarkt hinter dem Hotel Edelweiss & Gurgl, wo Snacks und nach Bedarf auch Getränke für die kommenden Etappen gekauft werden können. Außerdem finden sich in Obergurgl zahlreiche Sportgeschäfte, falls noch etwas für die anstehenden Bergetappen benötigt wird.

6. Etappe: Obergurgl – Vent

15,6 km, 8 Std. 30 Min., ↑ 1.416 m, ↓ 1.378 m, ⇧ 1.885-3.189 m

0,0 km	⇧ 1.906 m	Obergurgl, Piccard-Denkmal
0,8 km	⇧ 1.892 m	Brücke
3,3 km	⇧ 2.307 m	Küppelealm
7,7 km	⇧ 3.006 m	Ramolhaus
8,7 km	⇧ 3.189 m	Ramoljoch
13,4 km	⇧ 2.215 m	Ramolalm
15,6 km	⇧ 1.896 m	Vent, Tourismusinformation

Die 6. Etappe auf dem Ötztaler Urweg kann ohne Übertreibung als die Königsetappe bezeichnet werden. Von Obergurgl geht es auf einem schmalen Bergweg langsam, aber stetig aufwärts. Während zunächst der Hangerer auf der gegenüberliegenden Talseite das Landschaftsbild bestimmt, so rückt schon bald der Gurgler Ferner in den Mittelpunkt. Nach dem langen, aber meist nur mäßig steilen Aufstieg wartet das Ramolhaus in fantastischer Lage. Wie ein Adlernest liegt es direkt gegenüber dem mächtigen Gurgler Ferner. Nach einer aussichtsreichen Pause oder einer unvergesslichen Übernachtung führt der Urweg weiter in Richtung Ramoljoch.

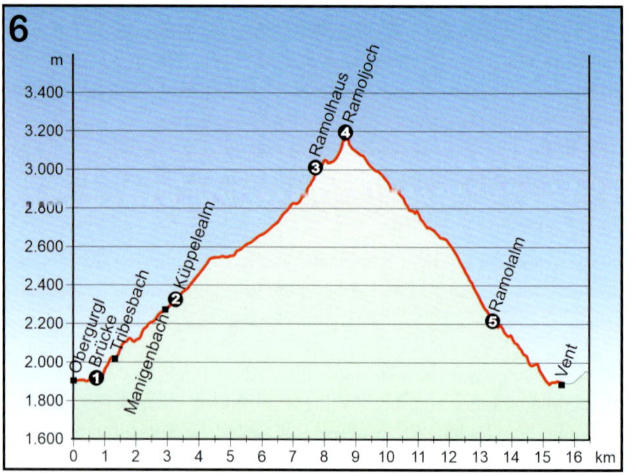

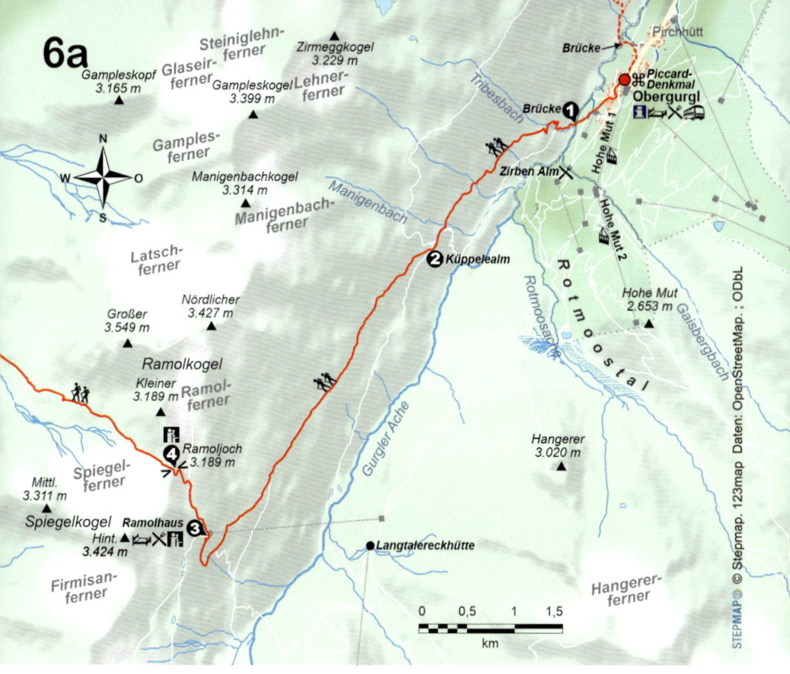

Der finale Anstieg zum Joch verläuft mit zahlreichen Tritten und Seilen versichert durch eine steile Felswand. Auf der anderen Seite führt der Weg zu Beginn sehr steil durch steiniges Gelände, wird im weiteren Verlauf aber flacher und angenehmer zu gehen. Vorbei an der unbewirtschafteten Ramolalm geht es durch idyllischen Bergwald hinunter nach Vent.

Diese Etappe sollte nur in Angriff genommen werden, wenn Sie über alpine Erfahrung, Trittsicherheit und Schwindelfreiheit verfügen. Sie verläuft überwiegend in hochalpinem Gelände; dementsprechend sind feste, knöchelhohe Bergstiefel empfehlenswert. Bitte informieren Sie sich im Vorfeld über die aktuellen Bedingungen (Wettervorhersage, Schneefelder etc.) und gehen Sie keine unnötigen Risiken ein.

Wer sich den Übergang über das Ramoljoch nicht zutraut, der kann auf der alternativen Etappe mühelos über die Gurgler Seenplatte nach Zwieselstein wandern und von dort mit dem Bus nach Vent gelangen. Dort kann der Ötztaler Urweg am nächsten Tag regulär fortgesetzt werden. (☞ Seite 82)

☞ Es wird zudem empfohlen, diese sehr lange und fordernde Etappe in zwei kürzere Abschnitte zu teilen und auf dem 🛏 ✕ Ramolhaus zu übernachten. Die Übernachtung auf über 3.000 m Höhe ist ein Erlebnis, ebenso der Sonnenuntergang und Sonnenaufgang mit Blick auf den Gurgler Ferner direkt gegenüber. Um die Etappe an einem Tag zu bewältigen, ist eine hervorragende Kondition erforderlich!

Vom ⌘ Piccard-Denkmal in der Ortsmitte folgen Sie dem Ramolweg am 🛏 Hotel Edelweiss & Gurgl vorbei abwärts und biegen anschließend an der Weggabelung rechts in den Piccardweg. Der Weg mündet erneut in den Ramolweg, dem Sie weiter nach rechts folgen und die Ortschaft hinter sich lassen. Nach 250 m nehmen Sie an der Weggabelung den rechten Weg und steigen einige Meter hinab zur Brücke ❶ über die Gurgler Ache.

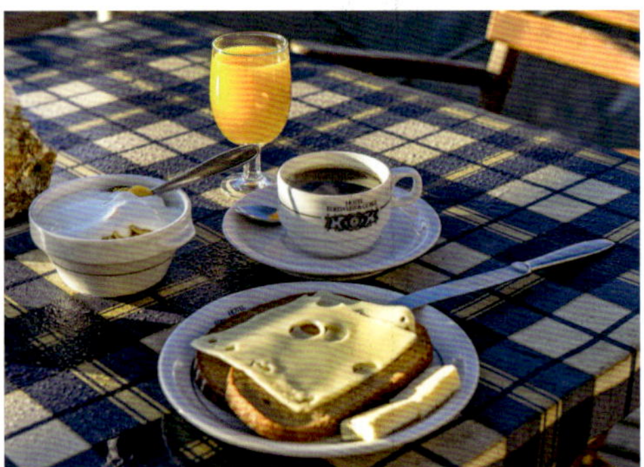

Stärkung bei schönem Wetter auf der Terrasse am Ramolhaus

Auf dem gut angelegten Bergweg steigen Sie zu Beginn recht steil hinauf, halten sich an einer kleinen Weggabelung rechts und überqueren mehrere kleine Gebirgsbäche. Gleichmäßig ansteigend wandern Sie nun durch den langen Hang, wobei der wunderschöne Ausblick auf die hochalpine Bergkulisse Sie stets begleitet. Nachdem Sie einige abzweigende Wege ignoriert haben, erreichen Sie die Küppelealm ❷ auf 2.300 m. Diese ist zwar nicht bewirtschaftet, bietet sich aber sehr gut für eine kurze Pause an. Übrigens sollten Sie im gesamten Aufstieg die Augen und Ohren offenhalten, denn der lange Hang ist bei Murmeltieren äußerst beliebt.

Der Bergweg führt in einem angenehmen Wechsel aus leichter und mittlerer Steigung weiter taleinwärts. Auf knapp 2.700 m Höhe lassen Sie einen abzweigenden Weg links liegen. Unterhalb des Felsvorsprungs, auf dem das Ramolhaus thront, ignorieren Sie noch einen weiteren Abzweig. Es folgen eine markante Kehre und ein sehr steiler Anstieg durch felsiges Gelände bis zum 🛏 ✕ Ramolhaus ❸.

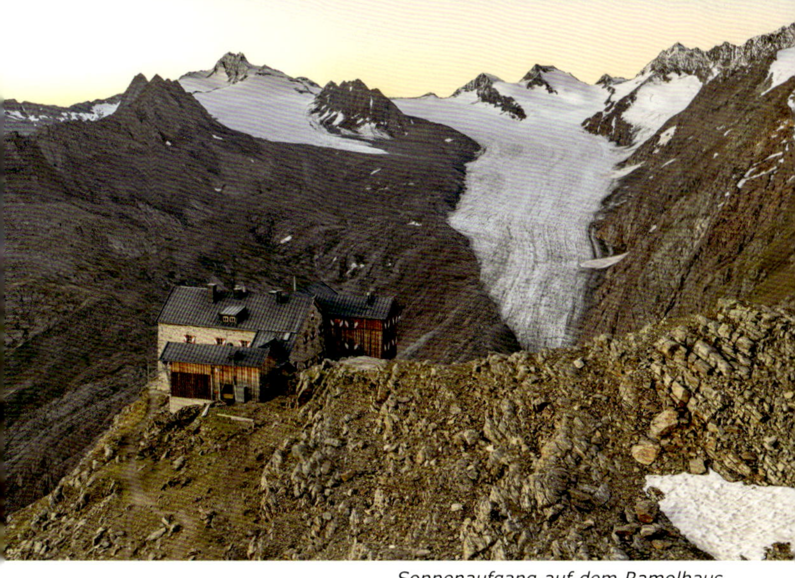

Sonnenaufgang auf dem Ramolhaus

🛏 ☺ Bei Übernachtung auf der Hütte gilt es, noch einige Punkte zu beachten. Bei Buchung eines Schlafplatzes im Zimmer wird Bettwäsche zur Verfügung gestellt. Wenn Sie den günstigeren Schlafplatz im Matratzenlager buchen, dann muss ein Schlafsack mitgebracht werden. Denken Sie bitte daran, dass auf der Hütte ausschließlich Barzahlung möglich ist.

Es stehen zwar Waschräume zur Verfügung, allerdings keine Duschen. Sollten Sie besondere Anforderungen haben, was das Essen betrifft (vegetarisch, vegan, glutenfrei etc.), dann klären Sie dies bitte im Vorfeld mit dem Hüttenwirt ab. Haben Sie bitte Verständnis, wenn manche Wünsche aufgrund der schwierigen Logistik auf der Hütte nicht erfüllt werden können.

Aufgrund der begrenzten Schlafplätze ist eine rechtzeitige Reservierung dringend zu empfehlen, vor allem bei geplanten Übernachtungen während der Ferienzeiten und an Wochenenden.

🛏 ✕ Ramolhaus, 6456 Obergurgl, ☏ +43/(0)52 56/62 23 (Reservierung) und +43/(0)6 64/859 76 94 (Hüttenwirt), 💻 www.edelweiss-gurgl.com, ✉ info@edelweiss-gurgl.com, Ü Zimmer ab € 28, Matratzenlager ab € 22 (Vergünstigungen für Mitglieder des Alpenvereins), hochalpine Berghütte in fantastischer Lage

Von der Terrasse folgen Sie dem Weg in Richtung Ramoljoch und Vent, der zunächst über den felsigen Bergrücken verläuft und anschließend am Rest des Ramolferners entlang aufsteigt. An der Gabelung auf einem Flachstück führt der Weg nach links zum Einstieg in den Klettersteig. Die letzten 100 Hm geht es mithilfe zahlreicher Tritte und Seilversicherungen steil durch die Felswand bis zum höchsten Punkt des gesamten Ötztaler Urweges, dem Ramoljoch ❹ auf 3.189 m.

Wer über ausreichende Konditionsreserven und alpine Erfahrung verfügt, der kann vom Ramoljoch aus in 1 Std. den Kleinen Ramolkogel erreichen (160 Hm). Auf dem teils scharfen Südgrat warten allerdings wegloses Gelände und Kletterstellen (I+).

Auf der gegenüberliegenden Seite führt der Weg zunächst sehr steil durch steiniges Gelände. Dementsprechend ist hier Trittsicherheit und erhöhte Vorsicht gefragt. Nach den ersten 40 Hm wird das Gelände merklich flacher und der Weg verläuft nun meist über grobes Blockwerk.

Unbewirtschaftete Ramolalm mit Blick zur Wildspitze

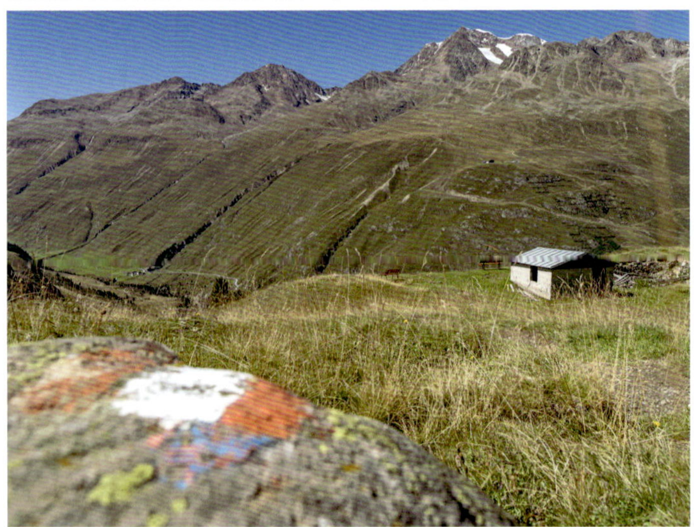

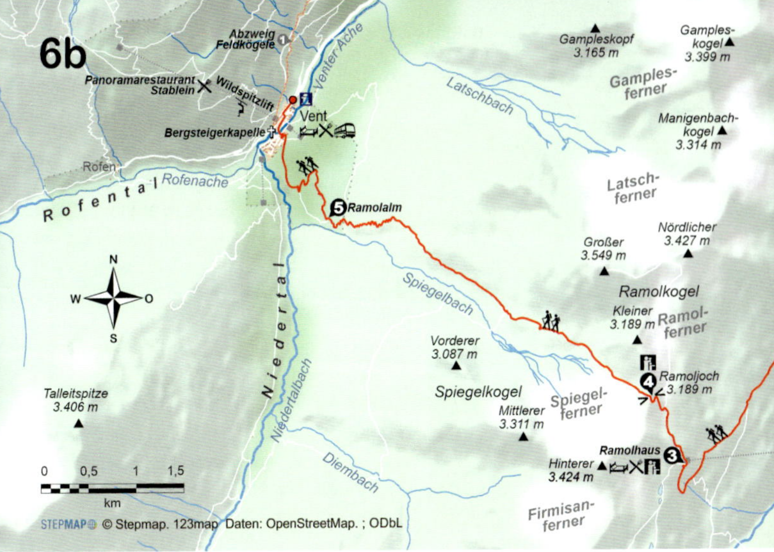

Auch mit Altschneefeldern muss auf diesem Abschnitt gerechnet werden, vor allem natürlich zu Beginn des Sommers.

Der Abstieg zieht sich entlang des mächtigen Spiegelferners, über dem der markante Hintere Spiegelkogel (3.426 m) in die Höhe ragt, und im weiteren Verlauf über dessen Seitenmoräne. Das Gelände wird sanfter und durch den grasigen Hang geht es in engen Kehren hinunter bis zur Ramolalm ❺, wobei sich auf dem Weg dorthin ein wunderschöner Blick tief hinein in das einsame Niedertal bietet.

Die Ramolalm selbst ist zwar unbewirtschaftet, bietet sich aber mit den Holzbänken und der traumhaften Aussicht auf Wildspitze und Similaun für eine Pause an.

Von der Ramolalm setzt sich der Abstieg nach rechts durch lichten Zirbenwald fort. Der weiche Waldboden ist nach dem langen Abstieg über Blockwerk und Schutt eine Wohltat für die Füße.

Am Waldrand treffen Sie auf einen Forstweg, den Sie überqueren und dem Zaun hinunterfolgen. Durch ein Weidegatter hindurch gelangen Sie auf eine befestigte Straße, auf der es einige Meter nach links geht, bevor Sie dem Gampenweg vorbei am Gasthaus Obervent folgen und über eine Holzbrücke die Venter Ache überqueren. Auf der anderen Seite der Ache steht die malerische ✝ Bergsteigerkapelle.

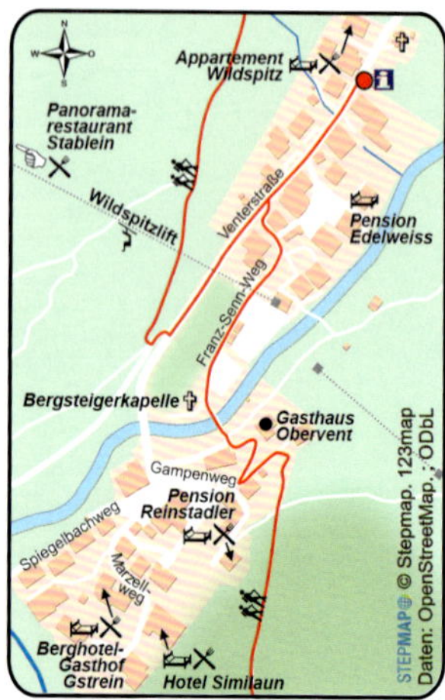

Weg durch Vent

Die Bergsteigerkapelle diente ursprünglich der würdevollen Aufbahrung ortsfremder Bergsteiger, die ihr Leben in den umliegenden Bergen verloren hatten. Nach dem Bau einer modernen Leichenhalle bei der Dorfkirche begann der Verfall der kleinen Kapelle. Im Jahr 2012 wurde sie liebevoll restauriert und dient seitdem im Rahmen der Initiative ARTeVENT als Location für wechselnde Themenausstellungen.

Von der ✞ Kapelle folgen Sie dem Franz-Senn-Weg bis zur Venter Straße und dieser dann noch 40 m nach rechts, wo sich das Ziel dieser Etappe, die Tourismusinformation, befindet.

Vent

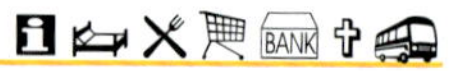

Tourismusinformation Vent, Venterstraße 35, 6458 Vent, ☏ +43/(0)57 20/02 60, www.oetztal.com, vent@oetztal.com, Anfang Juni bis Ende Sep: Mo-Sa 8:00-12:00 und 15:00-18:00

Appartement Wildspitz, Venterstraße 20, 6458 Vent, ☏ +43/(0)52 54/301 27, www.wildspitz.at, info@wildspitz.at, ÜF EZ ab € 85, DZ ab € 140, Restaurant: Ende Juni bis Ende Sep Di-So 17:00-22:00, Mo Ruhetag, gemütliche Appartements am Ortseingang, Restaurant mit hervorragender Pizza, inkl. Ötztal Inside Summer Card

♦ Berghotel-Gasthof Gstrein, Marzellweg 10, 6458 Vent, ☏ + 43/(0)52 54/81 16, www.gstrein-vent.at, info@gstrein-vent.at, ÜF EZ ab € 75, DZ ab € 120, inkl. HP und Ötztal Inside Summer Card

♦ Hotel Similaun, Marzellweg 15, 6458 Vent, ☏ +43/(0)52 54/81 04, www.similaun.com, info@similaun.com, ÜF EZ ab € 79, DZ ab € 126, HP zusätzlich € 10,50 p. P.

♦ Pension Reinstadler, Gampenweg 9, 6458 Vent, ☏ +43/(0)52 54/81 90, www.pension-reinstadler.at, m.reinstadler@tirol.com, ÜF EZ € 42, DZ € 84, HP zusätzlich € 15 p. P., DAV-Mitglieder erhalten 10% Rabatt auf die Übernachtung

Pension Edelweiss, Franz-Senn-Weg 5, 6458 Vent, ☏ +43/(0)52 54/81 05, www.haus-edelweiss-vent.at, info@haus-edelweiss-vent.at, ÜF EZ ab € 60, DZ ab € 90, preiswerte Pension mit modernen Zimmern

✕ Panoramarestaurant Stablein, Bergstation Wildspitzlift, 6458 Vent, ☏ +43/(0)52 54/301 28, www.winter.stableinrestaurant.com, info@stableinrestaurant.com, Mitte Juni bis Mitte Sep: täglich 9:00-17:00, Auffahrt mit dem Wildspitzlift: identisch mit denen des Restaurants. Die aktuellen Preise finden Sie auf www.vent.at (mit der Ötztal Inside Summer Card kostenfrei).

Das Bergsteigerdorf Vent liegt eingebettet zwischen mächtigen Gipfeln wie Ramolkogel, Spiegelkogel, Talleitspitze und der Wildspitze. Hier gabelt sich das Venter Tal in Niedertal und Rofental. Zugleich spaltet die Venter Ache auch das kleine Bergdorf selbst in zwei Teile.

In Vent warten zahlreiche Übernachtungsmöglichkeiten in verschiedenen Preisklassen, beinahe alle Hotels verfügen zudem über ein Restaurant. Der kleine Laden in der Venter Straße bietet alles von Sportartikeln über Souvenirs bis hin zu Snacks und Getränken. Bedenken Sie bitte, dass die folgende Etappe nach Gaislach unterwegs keine Möglichkeit zur Einkehr bietet (abgesehen von einem kurzen Zeitraum zwischen Mitte Juni und Ende Juli). Bei Start auf dem Ramolhaus und einem dementsprechend kürzeren Tagespensum besteht noch die Möglichkeit, mit dem Wildspitzlift zum Panoramarestaurant Stablein hinaufzufahren. Sehenswert ist auch die kleine Bergsteigerkapelle in unmittelbarer Nähe der Venter Ache.

Bergsteigerkapelle in Vent

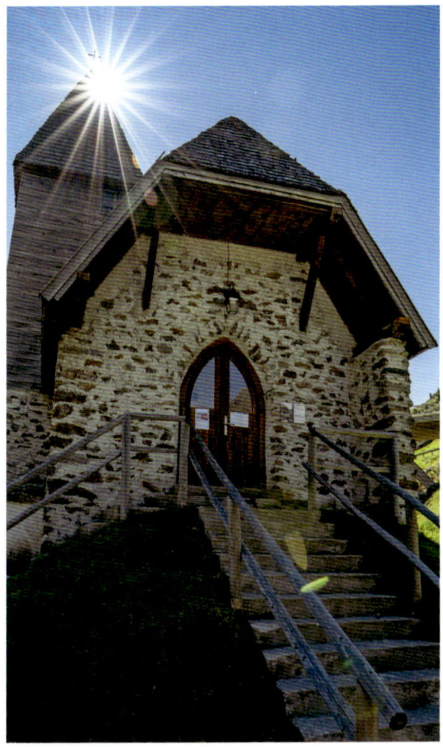

6. Etappe – Variante: Obergurgl – Zwieselstein

(mit dem Bus nach Vent)

11,4 km, 4 Std. 30 Min., 704 m, 1.157 m, 1.455-2.513 m

0,0 km	1.906 m	Obergurgl, Piccard-Denkmal
0,9 km	1.904 m	Abzweig Seenplatte
3,1 km	2.512 m	Abzweig zum Soomsee
5,8 km	2.438 m	Nedersee
8,6 km	1.900 m	Lenzenalm
10,2 km	1.623 m	Gurglerstraße
11,4 km	1.455 m	Zwieselstein, Haltestelle „Gasthof Neue Post“

Diese alternative 6. Etappe ersetzt den hochalpinen, seilversicherten Übergang am Ramoljoch. Von Obergurgl führt ein schön angelegter Bergweg hinauf zur Gurgler Seenplatte, wo mit dem Soomsee und dem Nedersee gleich zwei paradiesische Bergseen warten. Über das aussichtsreiche Hochplateau, unterhalb des markanten Nederkogels gelegen, verläuft der Ötztaler Urweg an der urigen Lenzenalm vorbei hinunter nach Zwieselstein. Von dort kann das eigentliche Etappenziel Vent bequem per Bus erreicht werden.

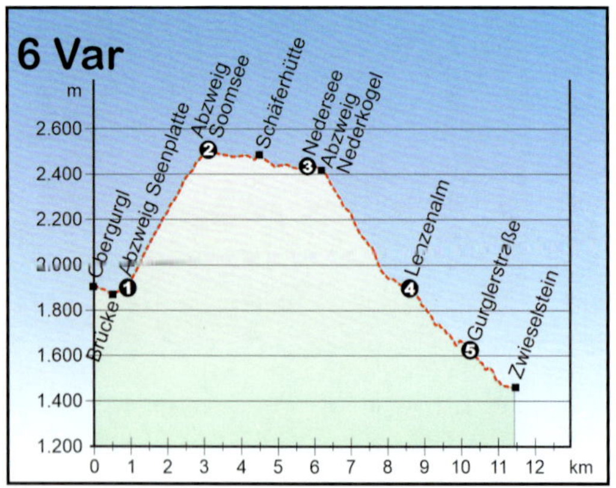

Diese alternative Etappe bietet die Möglichkeit den schwierigen Übergang (schwarzer Bergweg) am Ramoljoch zu umgehen. Für diesen sind ausreichende alpine Erfahrung, absolute Trittsicherheit und Schwindelfreiheit nötig.

Wer sich dies nicht zutraut, der kann auf dieser leichter zu bewältigenden Umgehung zum Ausgangspunkt der nächsten Etappe gelangen, in das Bergsteigerdorf Vent.

Auch wenn Sie Erfahrung im Bergwandern haben, kann diese Variante ebenfalls bei ungünstigen Wetterverhältnissen oder großen Mengen Altschnee am Ramoljoch im Frühsommer eine gute Alternative sein.

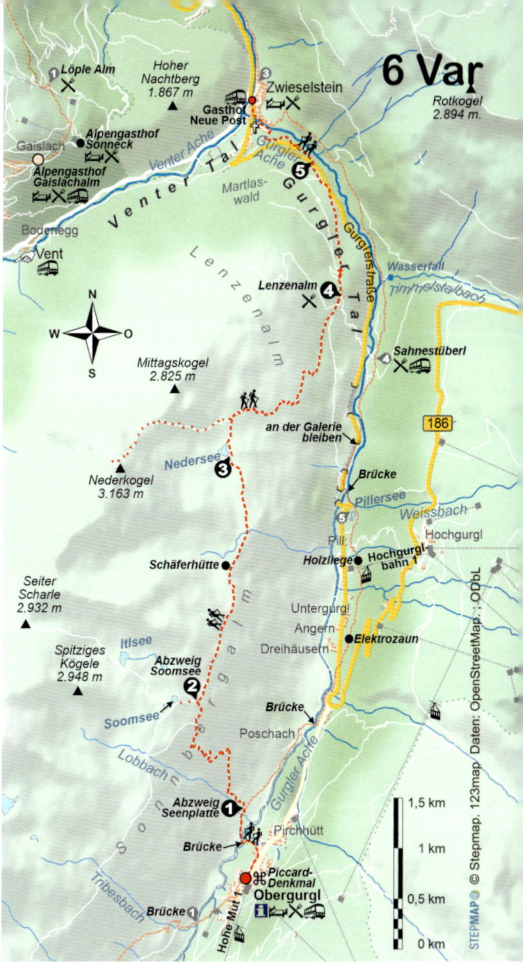

Vom ⌘ Piccard-Denkmal im Zentrum von Obergurgl folgen Sie dem Schalfkogelweg an der ✝ Kirche nach rechts hinunter, halten sich anschließend zweimal links und gelangen auf die große Wiesenfläche unterhalb des Ortszentrums, wo der Urweg die kleine Holzbrücke über die Gurgler Ache quert. Dieses Wegstück ist noch von der vorigen Etappe bekannt wie auch die folgenden 300 m durch den Hang, in dem Sie mit etwas Glück sogar Murmeltiere entdecken können.

Nach Überquerung eines kleinen Baches zweigt ein schmaler Bergweg nach links in Richtung Seenplatte ❶ ab und führt durch den offenen Hang aufwärts. Immer wieder bieten sich schöne Ausblicke zurück auf die Ortschaft Obergurgl und den Gurgler Kamm.

Die steilen Anstiege wechseln sich hier mit flacheren Teilstücken ab. Auf 2.460 m Höhe ignorieren Sie eine recht unscheinbare Abzweigung nach links und folgen weiter dem gut ausgetretenen Bergweg nach rechts.

Nach weiteren 200 m erreichen Sie eine markante Weggabelung, den Abzweig zum idyllischen Soomsee ❷. Gleichzeitig ist hier auch der höchste Punkt der Etappe erreicht, welcher den Beginn der weitläufigen Seenplatte markiert.

Der malerische Soomsee liegt lediglich 250 m abseits des Ötztaler Urweges und lohnt sich für einen kurzen Abstecher. Bei schönem Wetter spiegeln sich die mächtigen, schneebedeckten Gipfel des hinteren Ötztals im glasklaren Wasser des kleinen Bergsees. Er gilt als der schönste der zahlreichen Seen auf der Gurgler Seenplatte.

Von der Weggabelung führt der Urweg nun fast eben über das weite und aussichtsreiche Hochplateau im Ramolkamm. Der Blick fällt immer wieder auf den gegenüberliegenden Gurgler Kamm mit seinen zahlreichen Dreitausendern und Gletschern. Nach gemütlichen 2,7 km liegt am anderen Ende der Seenplatte der Nedersee ❸ direkt unterhalb des Nederkogels (3.163 m).

Kleiner Bergsee auf der Gurgler Seenplatte mit Blick auf den Gurgler Kamm

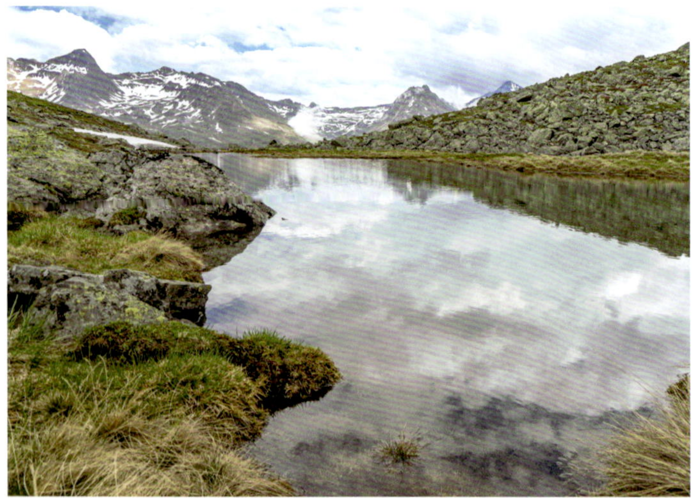

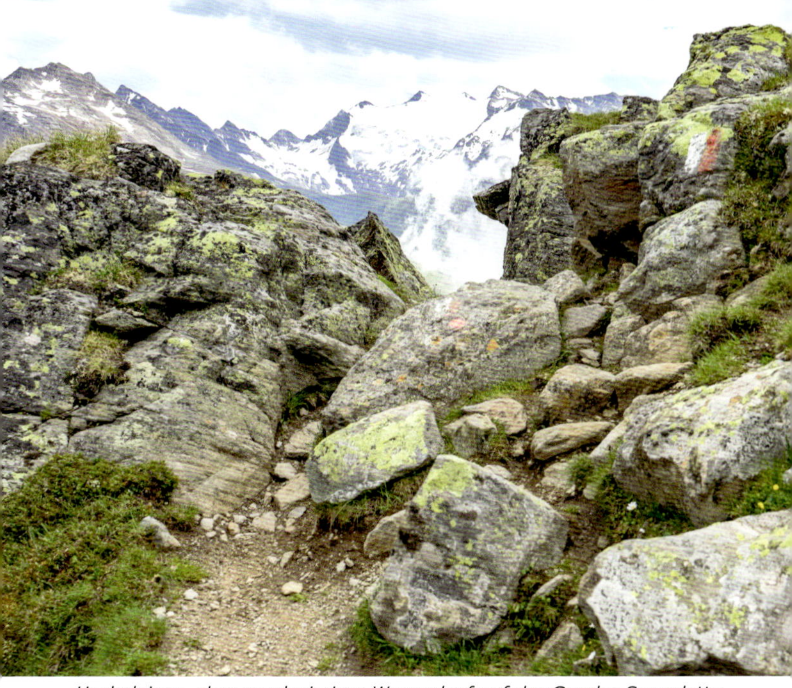

Hochalpiner, aber unschwieriger Wegverlauf auf der Gurgler Seenplatte

↳ Am See vorbei führt der Urweg zur Weggabelung, von der aus optional der Gipfel erklommen werden kann (Aufstieg: 2 Std. 30 Min., 725 Hm). Für den schwarzen Bergweg sind allerdings absolute Trittsicherheit und eine gute Orientierung notwendig.

An der Weggabelung beginnt der Abstieg, zunächst durch alpines Gelände, bald darauf durch dichtere Vegetation, die überwiegend aus Latschenkiefern und Alpenrosen besteht. Der Weg verläuft auf einem recht steilen, aber schön angelegten Steig. Nach etwa 1,5 km gelangen Sie an die Waldgrenze, wo das Gelände merklich abflacht. Auf einer großen Lichtung im Bergwald mündet der schmale Bergweg in einen Forstweg und steuert geradewegs auf die urige ✕ Lenzenalm ❹ zu.

✕ Lenzenalm, Lenzenalm 1, 6450 Zwieselstein, ☏ +43/(0)6 64/514 98 25, ✉ m.gstrein-noesig@muehle-resort.at, 🚪 Mitte Mai bis Mitte Okt: täglich 11:00-18:00, schöne Alm in aussichtsreicher Lage

Nach einer wohlverdienten Pause auf der Lenzenalm folgt der Urweg zunächst dem Forstweg in den Bergwald hinein, bevor nach 150 m am rechten Wegrand ein Pfad abzweigt. Auf diesem geht es nun abwärts, stellenweise recht steil. Der Pfad mündet erneut in den Forstweg, bevor er diesen eine Kurve später endgültig nach rechts verlässt. Im dichten Bergwald steigt der Urweg gleichmäßig ab, bis er auf die Gurglerstraße trifft, wo der Weg abrupt zu enden scheint.

Hier folgen Sie der Straße im Grünstreifen nach links, wechseln nach 50 m erneut nach links auf den Forstweg und nehmen an der folgenden Weggabelung den rechten Weg. Dieser führt nochmals zur Gurglerstraße ❺ und überquert diese nun.

Im lichter werdenden Wald wandern Sie nach links weiter, wo Sie kurz darauf abermals auf die Gurglerstraße treffen. Sie folgen der Straße um die Kurve herum und verlassen sie anschließend wieder nach rechts.

Im Martlaswald geht es weiter abwärts, an der nächsten Gabelung rechts und schließlich an den ersten Häusern vorbei hinunter zur Gurgler Ache. Den Fluss überqueren Sie über die kleine Holzbrücke und gehen dann im Hochstattweg nach links.

Die kleine Kapelle in Zwieselstein, vor der eindrucksvollen Kulisse des Nederkogels gelegen, ist ein lohnendes Motiv.

An der Hauptstraße halten Sie sich rechts und erreichen nach gut 100 m die Bushaltestelle „Gasthof Neue Post" im Zentrum der beschaulichen Ortschaft Zwieselstein.

Der Name Zwieselstein stammt von der Tatsache, dass sich hier das Ötztal in Gurgler und Venter Tal „zwieselt" (teilt). Gleichzeitig vereinen sich hier die Venter und Gurgler Ache zur Ötztaler Ache.

☺ Die heutige Übernachtung kann auch hier in Zwieselstein erfolgen, wo man in himmlischer Ruhe zum Rauschen der Ötztaler Ache einschläft (Infos zu den Übernachtungsangeboten in Zwieselstein ☞ 5. Etappe auf S. 65).

Von der Bushaltestelle „Gasthof Neue Post" im Zentrum von Zwieselstein erreichen Sie mit der Buslinie 8400 den Endpunkt der regulären 6. Etappe in Vent (☞ S. 74) und somit zugleich den Startpunkt der folgende Etappe. Der letzte Bus in Richtung Vent verlässt Zwieselstein um 17:48, davor verkehrt er stündlich, allerdings mit wechselnden Abfahrtszeiten.

7. Etappe: Vent – Gaislach

15,9 km, 6 Std. 30 Min., 1.077 m, 998 m, 1.893-2.806 m

0,0 km	1.896 m	Vent, Tourismusinformation
1,2 km	1.990 m	Abzweig Feldkögele
2,5 km	2.168 m	Aussichtspunkt
4,4 km	2.480 m	Panoramaweg
6,8 km	2.648 m	Weißkarsee
10,6 km	2.781 m	Tiefenbachgletscher
11,6 km	2.613 m	Petznersee
15,3 km	2.033 m	Gaislachalm
15,9 km	1.974 m	Gaislach

Die 7. Etappe führt aus dem Bergsteigerdorf Vent über einen beliebten Panoramaweg durch den Naturpark Ötztal. Ziel der heutigen Etappe ist das idyllische Almdorf Gaislach. Unterwegs warten traumhafte Ausblicke zurück in das Venter Tal, ein paradiesischer Bergsee im Weißkar und der Tiefenbachgletscher. Das Etappenziel Gaislach besticht durch seine außergewöhnliche Lage und Ruhe. Entspannung pur nach zwei anspruchsvollen Wandertagen.

Diese Etappe verläuft überwiegend durch hochalpines Gelände und setzt geeignete Ausrüstung und eine gute Trittsicherheit voraus!

Von der Tourismusinformation in Vent geht es auf der Venterstraße taleinwärts durch das Dorf. Auf Höhe der Bergsteigerkapelle biegen Sie scharf rechts auf den Forstweg in Richtung Tiefenbachgletscher und passieren den Wildspitzlift. An der kommenden Weggabelung zweigt ein schmaler Wanderweg rechts ab und führt knapp 500 m durch den Hang, bis zum Abzweig zum Feldkögele ❶. Hier halten Sie sich links und gelangen kurz vor dem Gebirgsbach zurück auf den breiten Forstweg. Auf diesem wandern Sie in eine scharfe Rechtskurve, wo Sie an der kleinen Kreuzung erneut auf den schmalen Wanderweg wechseln, der sich links den Hang hinaufzieht. Der Weg mündet weiter oben wieder in den breiten Forstweg, dem Sie nun für etwa 700 m folgen. An der Weggabelung unterhalb einer aussichtsreichen Holzbank ❷ wechseln Sie auf den ausgeschilderten Steig in Richtung Tiefenbachgletscher. Hier bietet sich ein fantastischer Blick zurück auf Vent mit der markanten Talleitspitze (3.406 m) und dem vergletscherten Similaun (3.606 m) im Hintergrund.

Die obige Wegbeschreibung entspricht dem offiziellen Wegverlauf des Ötztaler Urweges auf diesem Abschnitt. Letztlich ist der ständige Wechsel zwischen dem Forstweg und dem schmalen Wanderweg nicht notwendig, sondern dient eher der Abwechslung. Sie können allerdings auch durchgehend dem breiten Forstweg bis zum ausgeschilderten Abzweig unterhalb der Holzbank folgen.

Der Steig führt nun gleichmäßig ansteigend durch den langen und steilen Hang, immer tiefer hinein in den Naturpark Ötztal. Der Blick auf den mächtigen Bergkamm zwischen Ramolkogel und Nederkogel ist auf diesem Wegstück ein ständiger Begleiter.

Auf 2.480 m Höhe erreichen Sie eine aussichtsreiche Weggabelung, die gleichzeitig den Beginn des Panoramaweges ❸ zum Tiefenbachferner markiert. Hier bietet sich auch eine erste kurze Pause an, da der Weg in der Folgezeit sehr schmal ist und mit viel Gegenverkehr zu rechnen ist. Außerdem eröffnet sich hier nochmals ein traumhaft schöner Blick zurück nach Vent.

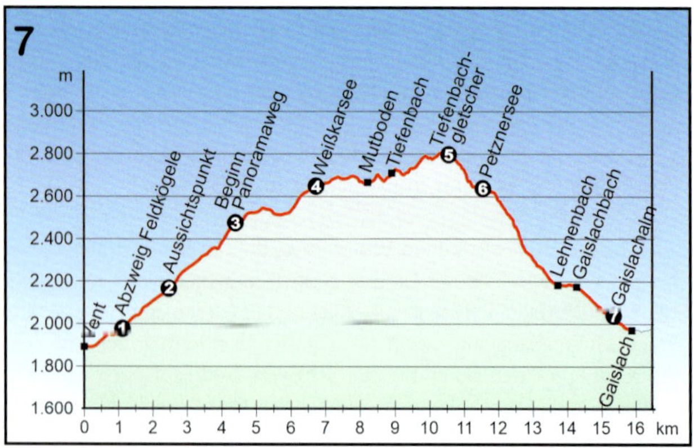

Der Panoramaweg führt zunächst ohne nennenswerte Höhendifferenzen um den Weißkarkogel herum, wobei einige gröbere Schuttfelder zu überqueren sind. Das Landschaftsbild ändert sich drastisch: Die weiten grünen Hänge werden durch felsiges Gelände ersetzt. Nach einem kurzen Anstieg von etwa 130 Hm ist der malerische Weißkarsee ❹ im gleichnamigen Kar erreicht, der wie eine grüne Oase in der kargen Landschaft liegt.

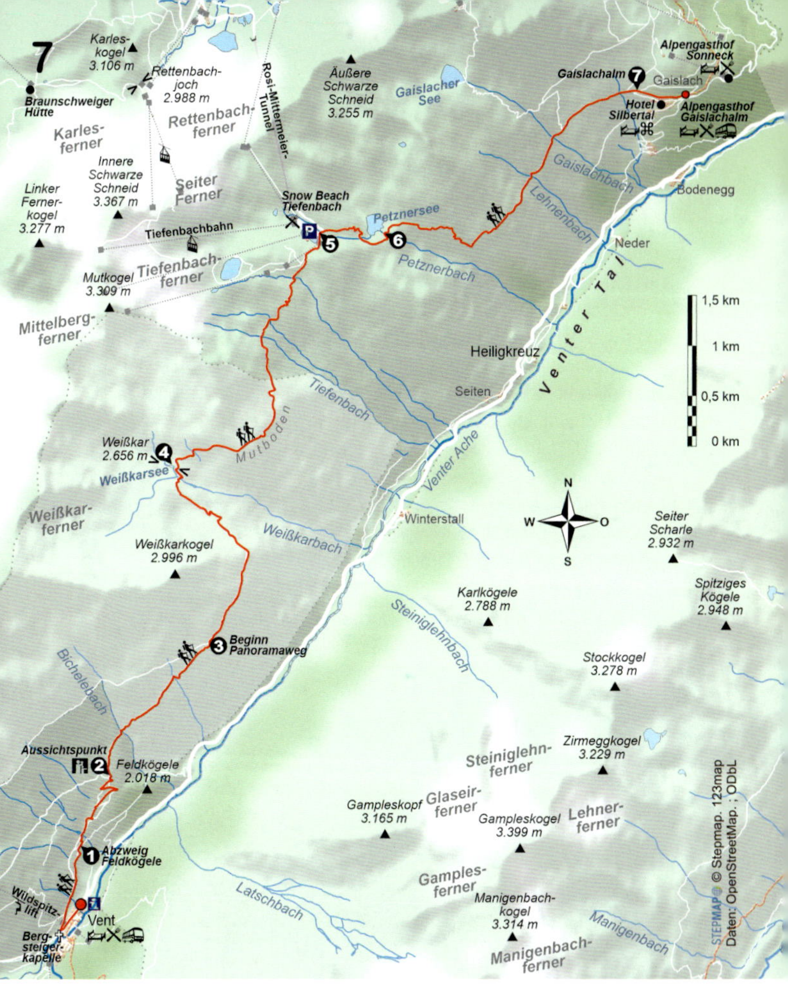

Auf dem Panoramaweg zum Tiefenbachferner muss je nach Saison, Wochentag und Wetter mit viel Gegenverkehr gerechnet werden. Der Panoramaweg wird in der Regel in umgekehrter Richtung gewandert, vom Tiefenbachferner absteigend nach Vent. Auch geführte Gruppen auf Alpenüberquerung sind keine Seltenheit, da hier eine Variante des populären E5 entlangführt. Bitte bedenken Sie, dass es für eine einzelne Person einfacher ist auf dem schmalen Weg auszuweichen als für eine größere Gruppe.

☺ 📷 Der Weißkarsee ist ein Pausenplatz wie aus dem Bilderbuch: Die schroffen Gipfel und dunklen Geröllfelder bilden die Kulisse für den glasklaren, von flauschigem Wollgras umgebenen Bergsee. An dieser Stelle sind knapp die Hälfte der Strecke und fast die gesamten Höhenmeter im Aufstieg bewältigt. Zeit also, um die Füße in den See zu hängen.

Im weiteren Wegverlauf geht es in leichtem Auf und Ab durch zahlreiche Geröll- und Schuttfelder um den lang gezogenen Felsrücken unterhalb des Mutkogels herum, nebenbei werden einige schöne Gebirgsbäche überquert. Nach einem finalen Anstieg von etwa 100 Hm erreichen Sie den P Parkplatz des Tiefenbachgletschers ❺. Zwar ist ein Gletscherskigebiet im Sommer kein landschaftlicher Höhepunkt, aber es besteht die Möglichkeit zu einer wohlverdienten Einkehr im ✕ Restaurant am Ende des Parkplatzes.

✕ Snow Beach Tiefenbach, Gletscherstraße 42, 6450 Sölden,
☏ +43/(0)52 54/50 15 16, 💻 www.oetztalergletscher.com, ✉ info@riml.com,
🚪 Mitte Juni bis Ende Juli: täglich 9:00-16:00

Wegverlauf des Panoramaweges zwischen Weißkar und Tiefenbachgletscher

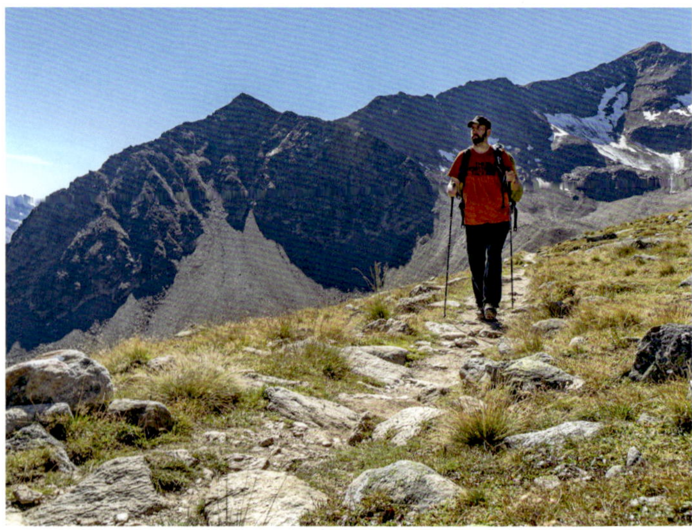

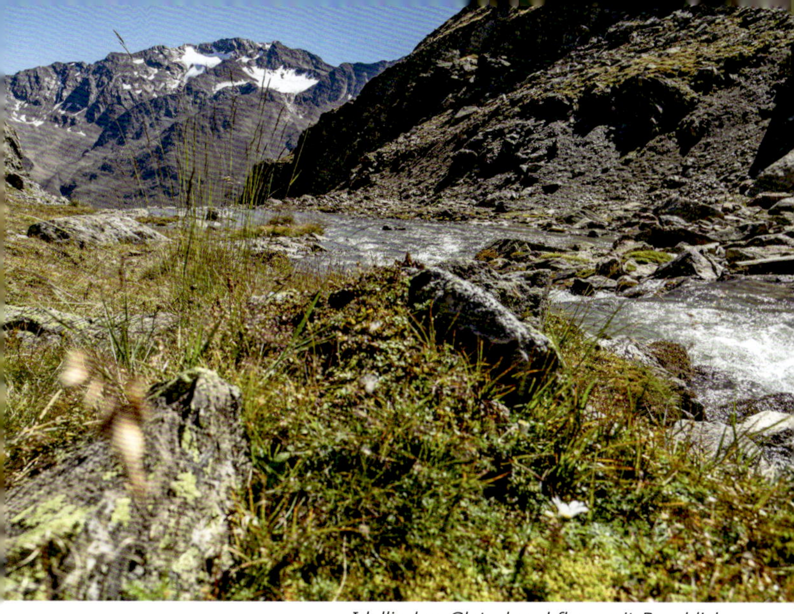

Idyllischer Gletscherabfluss mit Bergblick

Vom Speicherbecken führt der Urweg wenige Meter an der Ötztaler Gletscherstraße entlang, bevor er diese in der Kurve nach rechts verlässt.

Der Abstieg über die Geländestufe beginnt flach, wird aber bald darauf steiler und stellenweise etwas rutschig. Wanderstöcke sind hier und im weiteren Abstieg sehr zu empfehlen.

In einer kleinen Mulde liegt der Petznersee ❻ bzw. das, was von ihm übrig ist. Zahlreiche Gletscherabflüsse mäandern durch die grüne Wiese auf der winzigen Hochebene, was von oben betrachtet ein spannendes Landschaftsbild erzeugt.

Nach dieser Bergidylle setzt sich der steile und steinige Abstieg fort. Die nächsten 1.000 m verlangen Trittsicherheit und Konzentration. Nach Umrundung der Geländekuppe schweift der Blick erstmals zu dem Etappenziel, den Gaislachalmen. Mit dem Ziel vor Augen zieht sich der Abstieg nun merklich flacher durch den langen Hang unterhalb von Schwarze Schneid und Gaislachkogel. Der felsige Untergrund weicht grünen Hängen und Latschenkiefern. Nach der gut 2 km langen, aussichtsreichen Hangquerung kreuzt der Wanderweg einen Forstweg. Hier beginnt das weitläufige Gelände der Gaislachalm ❼.

Sollten Sie im Hotel Silbertal übernachten, dann folgen Sie an der Kreuzung dem Forstweg rechts hinunter. Zum Alpengasthof Gaislachalm wandern Sie geradeaus weiter auf dem schmalen Wanderweg, welcher direkt an der sonnigen Terrasse endet.

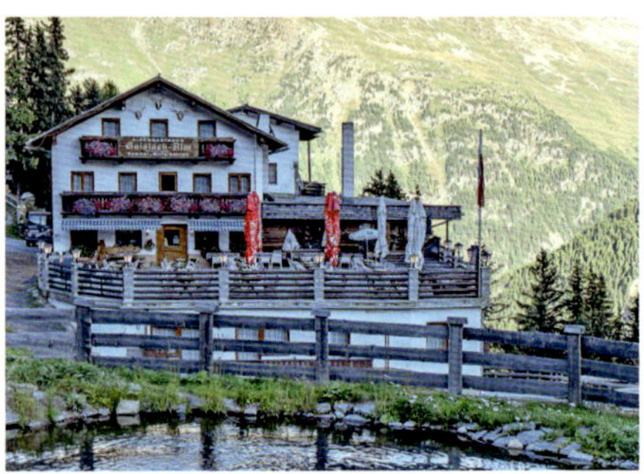

Alpengasthof Gaislachalm

☺ Der Alpengasthof Gaislachalm bietet einen Shuttleservice zwischen dem Gasthof und dem Ortszentrum von Sölden. Dies ist eine gute Option, wenn Sie nur ein Teilstück des Ötztaler Urweges gehen und die Wanderung in Gaislach starten oder beenden möchten. Den aktuellen Fahrplan entnehmen Sie bitte der www.gaislachalm.com.

Gaislach

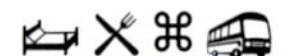

Alpengasthof Gaislachalm, Gaislachalm 18, 6450 Sölden, ☏ +43/(0)52 54/29 14, www.gaislachalm.com, info@gaislachalm.com, ÜF EZ € 67, DZ € 94, uriger Gasthof in ruhiger Lage, gemütliche Zimmer und sehr gute Küche

♦ Alpengasthof Sonneck, Gaislachalm 12, 6450 Sölden, ☏ +43/(0)52 54/29 05, www.alpengasthof-sonneck.at, info@alpengasthof-sonneck.at, ÜF EZ € 47, DZ € 67, 500 m außerhalb von Gaislach gelegen, aber mit direktem Anschluss an die folgende Etappe

⌘ Das Mineralienmuseum bietet die größte Sammlung von Mineralien in ganz Westösterreich.

♦ Mineralienmuseum im Hotel Silbertal, Gaislachalm 7, 6450 Sölden, ☏ +43/(0)52 54/29 87, www.hotel-soelden-silbertal.com, info@almhuette.net, Führungen auf Anfrage möglich

Das kleine Almdorf Gaislach, hoch über Zwieselstein und Sölden auf knapp 2.000 m Höhe gelegen, ist nach dem optionalen Ramolhaus das abgelegenste Etappenziel auf dem Ötztaler Urweg. Lediglich zwei Gasthöfe und einige private Almhütten sind hier oben zu finden.

8. Etappe: Gaislach – Granstein

13,5 km, 4 Std., 340 m, 858 m, 1.454-2.121 m

0,0 km	1.974 m	Gaislach
1,0 km	1.977 m	Löple Alm
4,7 km	2.015 m	Hühnersteign
5,5 km	2.007 m	Gampe Alm
7,3 km	2.093 m	Gasthof Sonnblick
9,3 km	1.888 m	Leiteralm
13,5 km	1.475 m	Granstein

Nach den beiden anspruchsvollen Etappen von Obergurgl über Vent nach Gaislach kann die 8. Etappe guten Gewissens als Genusswandern bezeichnet werden. Von Gaislach führt der Ötztaler Urweg durch die bekannten Skigebiete Söldens und Hochsöldens. Dabei verläuft er durchgehend im Wandergebiet der beliebten Erlebniswege „Almzeit". Hungrig und durstig bleibt auf dieser Etappe sicherlich niemand! Den perfekten Kontrast zum Trubel der meist gut besuchten Almen bietet das idyllische Bergdorf Granstein, in dem der Wandertag endet.

Von der Weggabelung hinter der Gaislachalm folgen Sie dem Forstweg nach rechts und gehen zwischen den Gebäuden hindurch auf die offene Wiesenfläche. Vorbei an einigen Holzhütten gelangen Sie auf dem schmalen Wanderweg an eine kleine Kreuzung im Skigebiet. (Bei Übernachtung im Alpengasthof Sonneck steigen Sie hier wieder in den Urweg ein.) Halten Sie sich links und folgen Sie anschließend dem mittleren Weg leicht ansteigend in den Wald hinein. Auf diesem ersten Wegstück bietet sich ein schöner Ausblick auf den Brunnenkogel und das exponierte Brunnenkogelhaus auf der gegenüberliegenden Talseite. Der Weg verlässt den Wald und trifft auf einer aussichtsreichen Lichtung auf die erste Einkehrmöglichkeit der Etappe, die Löple Alm ❶.

Löple Alm, Gaislachalm 10, 6450 Sölden, +43/(0)6 64/555 54 47,
www.loeplealm.at, loeple-alm@aon.at,
Mitte Juni bis Anfang Okt: täglich 10:00-17:00

Auf dieser Etappe verlaufen einige kurze Abschnitte auf Wegen, die sowohl zum Wandern als auch zum Mountainbiken genutzt werden. Diese Wegstücke sind ausreichend gekennzeichnet. Halten Sie bitte dennoch Augen und Ohren offen, da die Mountainbikes sich Ihnen oftmals von hinten nähern.

Im Bereich zwischen Löple Alm und Mittelstation bestehen einige Unklarheiten, was die genaue Wegführung des Urweges betrifft. Durch ein sehr verzweigtes Wegenetz mit Forstwegen, Wanderwegen und Mountainbike-Trails ist es stellenweise sehr unübersichtlich. Sogar das aktuelle Kartenmaterial ist nicht auf dem neuesten Stand und manche Wege sind nicht eingezeichnet. Folgen Sie hier bestmöglich der detaillierten Wegbeschreibung und halten Sie sich notfalls in Richtung „Hühnersteign“, dem nächsten Wegpunkt.

Weiter geht es auf dem scharf nach links abzweigenden Forstweg, den Sie kurz darauf über die kleine Brücke nach rechts verlassen. Ignorieren Sie nun den ersten breiten Abzweig auf der rechten Seite (Mountainbike-Trail) und folgen Sie dem Forstweg für 70 m aufwärts, bevor es auf dem Wanderweg rechts hinuntergeht. Dieser mündet in die Via Alpina (E5), der Sie nach links folgen, den Wald verlassen und unter den Seilbahnen hindurch in das Skigebiet wandern. Nach der dritten und letzten Seilbahn wechseln Sie vom Forstweg über den Mountainbike-Trail nach rechts und folgen dem schmaleren Wanderweg (E5). Wenig später quert dieser nacheinander einen anderen Wanderweg und einen Mountainbike-Trail nach links, folgt dem Forstweg für 30 m und setzt sich anschließend links von diesem fort. Auch wenn dieser Streckenabschnitt im Skigebiet kein landschaftlicher Höhepunkt ist, so entschädigt der Blick nach rechts tief hinein in das grüne Windachtal. Im Talschluss ragt die Stubaier Prominenz in den Himmel, allen voran das bekannte Zuckerhütl (3.507 m). Vorbei an aussichtsreichen Holzliegen umrunden Sie die Geländekuppe. Oberhalb der Ötztaler Gletscherstraße verlassen Sie den E5 und steigen über den Weg nach rechts in Richtung Gampe Alm ab. Durch die Unterführung hindurch erreichen Sie die beliebte ✕ Almhütte Hühnersteign ❷ mit großer Sonnenterrasse.

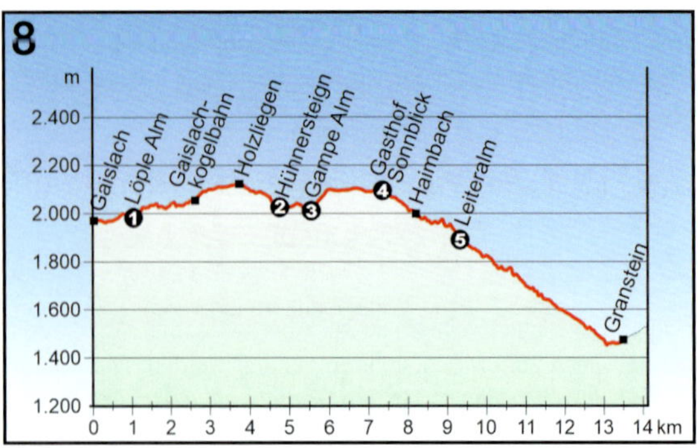

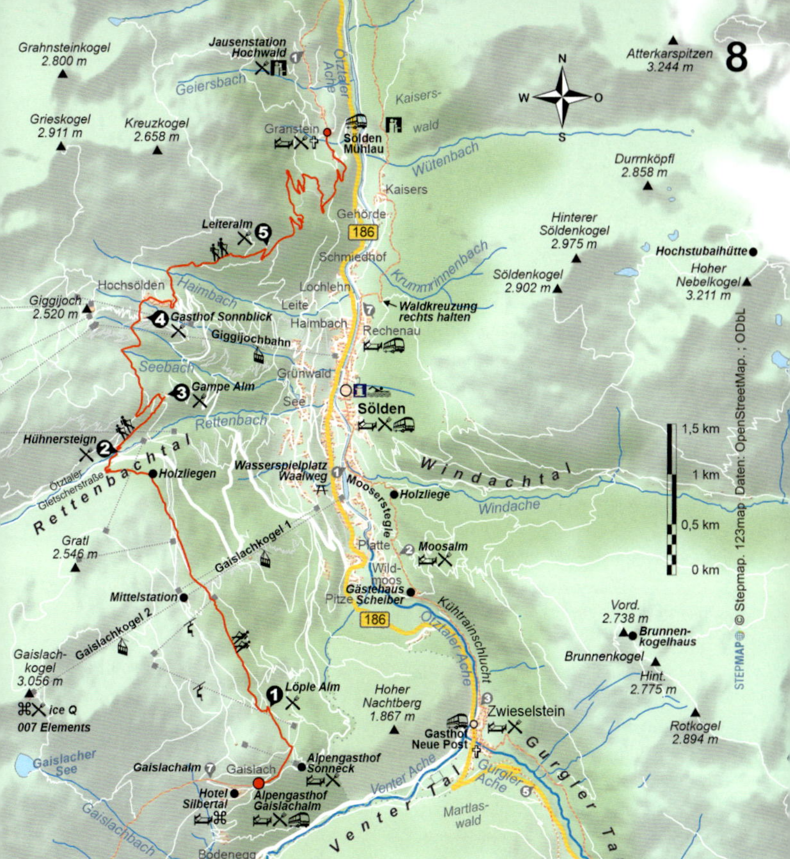

Hühnersteign, Gletscherstraße 20, 6450 Sölden, ☏ +43/(0)6 64/522 19 09,
www.huehnersteign.at, info@huehnersteign.at,
Ende Juni bis Anfang Okt: täglich 9:00-17:00

Folgen Sie dem Weg, der in zwei Kehren aufwärts führt und wandern dann an der Weggabelung auf dem Bergweg nach rechts weiter. Durch den grünen Hang gelangen Sie nach 400 m an eine kleine Weggabelung. Dort geht es auf dem schmalen Pfad rechts an den Holzhütten (Almmuseum) vorbei auf das Gelände der weitläufigen Almlandschaft Gampe. Hinter der Gampe Thaya befindet sich etwas versteckt die urige Gampe Alm ❸ mit ihrer typischen Tiroler Almküche in gemütlicher Atmosphäre.

Gampe Alm, Gampe Alm Straße 2, 6450 Sölden, +43/(0)6 64/384 06 67, www.gampealm.at, info@gampealm.at, Mitte Mai bis Ende Okt: Mo und Mi-So 9:00-17:00, Di Ruhetag, urige Alm in aussichtsreicher Lage

Gegenüber der Gampe Thaya folgen Sie dem Wanderweg hinauf in Richtung Waldrand.

Bitte seien Sie in diesem Abschnitt besonders vorsichtig, da der enge Weg auch als Mountainbike-Trail genutzt wird.

Nachdem ein Abzweig rechts ignoriert wird, gelangen Sie an eine Weggabelung und folgen dem Wanderweg nach rechts in Richtung Hochsölden. Der Weg geht bereits wenig später in einen breiten Forstweg über und führt in weiten Kehren durch das Skigebiet, das im Sommer als Weidefläche genutzt wird. Kurz vor Hochsölden passieren Sie das Bergrestaurant Sonnblick ❹.

Bergrestaurant Sonnblick, Hochsöldenstraße 17, 6450 Sölden, +43/(0)52 54/200 32, www.sonnblick.riml.com, info@riml.com, Mitte Juni bis Anfang Okt: täglich 9:00-17:00

Durch das im Sommer wie ausgestorben wirkende Hoteldorf Hochsölden wandern Sie an der Straße entlang bis zum P Parkplatz nach der ersten Kehre und folgen an dessen Ende dem als Wanderweg und Mountainbike-Trail genutzten Weg nach links. An den beiden folgenden Gabelungen halten Sie sich jeweils links und wandern sehr aussichtsreich mit Blick hinunter nach Sölden den Hang entlang. Durch lichten Bergwald erreichen Sie wenige Minuten später bereits die ruhig gelegene Leiteralm ❺.

Leiteralm, Leiterbergalm 4, 6450 Sölden, +43/(0)52 54/24 91, www.sunny-soelden.com, sunny@soelden.at, Juli bis Mitte Sep: täglich 10:00-17:30

Dem breiten Forstweg abwärts folgend beginnt der Abstieg nach Granstein. In zahlreichen Kehren zieht sich der Weg mäßig steil durch den Wald hinunter, wobei dieser mehrmals vom Mountainbike-Trail gekreuzt wird. Die betroffenen Stellen sind mit Warnhinweisen versehen. An der Weggabelung am Waldrand ist die Markierung hinter der Holzbank etwas unklar. Folgen Sie hier dem Weg nach rechts durch die Wiesen und an den Holzhütten vorbei. Dieser führt Sie geradewegs hinunter zum Etappenziel Granstein.

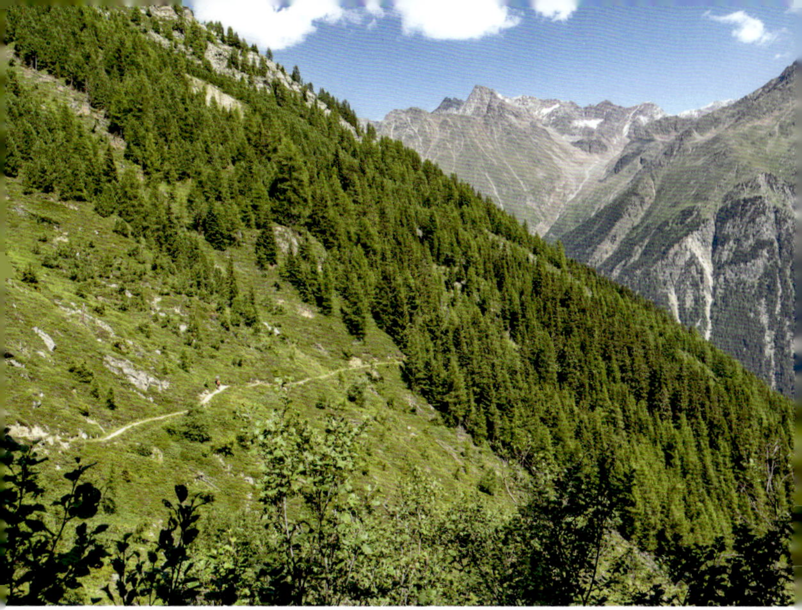

Schöner Pfad durch den Berghang in Richtung Leiteralm

Granstein

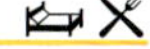

Gasthof Granstein, Gransteinstraße 20, 6450 Sölden, +43/(0)52 54/24 04, www.gasthofgranstein.com, info@gasthofgranstein.com, ÜF EZ ab € 35, DZ ab € 60, HP zusätzlich € 10,00 p. P.

Haus Bergl, Gransteinstraße 35, 6450 Sölden, +43/(0)52 54/25 97, www.bergl.at, mail@bergl.at, ÜF ab € 40, kleines Appartementhaus

Jausenstation Hochwald, Gransteinstraße 58, 6450 Sölden, +43/(0)6 64/915 42 86, www.hochwald-soelden.at, urige Alm mit typisch Tiroler Speisekarte, 1 km außerhalb gelegen

☺ Aufgrund der sehr begrenzten Anzahl an Übernachtungsmöglichkeiten in Granstein besteht alternativ die Möglichkeit, über die Gransteinstraße abzusteigen (1,4 km) und dort an der Haltestelle „Sölden Mühlau" den Bus nach Sölden zu nehmen (Linien 4194 und 8352, verkehren mindestens stündlich, zu den Hauptzeiten häufiger). Eine andere Möglichkeit, um den zusätzlichen Ab- und Aufstieg von und nach Granstein zu vermeiden, ist eine Verlängerung der Etappe um 3,1 km bis nach Aschbach. Dort stehen weitere Unterkünfte direkt am Ötztaler Urweg zur Verfügung und die Wanderung kann am Folgetag nahtlos fortgesetzt werden.

Bei Buchung der nachfolgend genannten Unterkunft, welche die Ötztal Inside Summer Card beinhaltet, könnte die frühere Ankunft in Längenfeld am Folgetag zu einem kostenfreien Besuch im Aqua Dome genutzt werden.

Haus Alpenglühn, Aschbach 47, 6444 Huben, ☏ +43/(0)52 53/55 16, www.haus-alpengluehen.at, ÜF EZ € 48, DZ € 88, inkl. Ötztal Inside Summer Card

Die kleine Siedlung Granstein liegt kurz vor Sölden auf knapp 1.500 m im Berghang unterhalb von Kreuzkogel und Grahnsteinkogel. Sie finden hier einen größeren Gasthof mit Restaurantbetrieb, einige Ferienwohnungen und eine Jausenstation, wenn Sie der Gransteinstraße für etwa 1 km weiter aufwärts folgen.

☺ Das winzige Bergdorf punktet mit seiner ruhigen Lage und dem eindrucksvollen Blick auf die gegenüberliegenden Stubaier Alpen.

9. Etappe: Granstein – Längenfeld

15,8 km, 5 Std. 30 Min., ↑ 557 m, ↓ 797 m, ⇧ 1.171-1.568 m

0,0 km	⇧ 1.474 m	Granstein, Gasthaus Granstein
0,9 km	⇧ 1.567 m	Jausenstation Hochwald
3,1 km	⇧ 1.259 m	Aschbach
7,4 km	⇧ 1.199 m	Huben, Heimatbühne BANK
9,2 km	⇧ 1.190 m	Huben, Wasserpark
12,5 km	⇧ 1.394 m	Aussichtspunkt Bärenfalle
13,7 km	⇧ 1.363 m	Aussichtsplattform Teufelskanzel
14,6 km	⇧ 1.208 m	Pestkapelle (Zur Heiligen Dreifaltigkeit) ✞
15,8 km	⇧ 1.180 m	Längenfeld, Pfarrkirche BANK ⌘

Aus dem beschaulichen Granstein geht es, an der urigen Jausenstation Hochwald vorbei, durch den lichten Bergwald hinunter nach Aschbach. Im Tal folgt der Urweg dem Ötztaler Radweg bis nach Huben, bevor er anschließend auf dem aussichtsreichen Duringweg durch den Bergwald führt. Zwei schön angelegte Aussichtspunkte bieten unterwegs einen traumhaften Blick über das Längenfelder Talbecken. Zum Abschluss steigen Sie, vorbei an der geschichtsträchtigen Pestkapelle, nach Längenfeld ab, wo die Etappe endet.

Zu Beginn folgen Sie der Straße aufwärts, wobei Sie die beschauliche Siedlung Granstein bald hinter sich lassen. Obwohl die Etappe gerade erst begonnen hat, ist es schwer, einer kurzen Pause auf der Sonnenterrasse der ✗ Jausenstation Hochwald ❶ zu widerstehen. Von der Terrasse aus können Sie sogar die Hochstubaihütte entdecken, die auf 3.173 m Höhe in den Stubaier Alpen liegt.

✗ Jausenstation Hochwald, Gransteinstraße 58, 6450 Sölden,
☏ +43/(0)6 64/915 42 86, www.hochwald-soelden.at,
Anfang Juni bis Anfang Okt: täglich 10:00-18:00

Direkt hinter der Jausenstation Hochwald gehen Sie an der Schranke vorbei und biegen anschließend auf einen schmalen Pfad nach rechts ab, der etwas versteckt unter den Bäumen beginnt. Auf diesem naturbelassenen Pfad wandern Sie durch den schattigen Bergwald abwärts, bis Sie auf einen Forstweg treffen, dem Sie nach links folgen. Diesen Forstweg teilt sich der Ötztaler Urweg bis nach Huben mit dem beliebten Ötztal Radweg, daher sollten Sie sich auf Fahrradverkehr einstellen und auf diesem Abschnitt möglichst am Wegrand gehen. An der nächsten Weggabelung folgen Sie dem Radweg nach rechts und erreichen über eine Brücke den Ortsrand des kleinen Weilers Aschbach ❷.

Aschbach

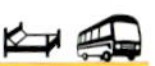

Haus Alpenglühn, Aschbach 47, 6444 Huben, ☏ +43 (0)52 53/55 16,
www.haus-alpengluehen.at, ÜF EZ € 48, DZ € 88, inkl. Ötztal Inside Summer Card

Hinter der Brücke folgen Sie dem Radweg weiter geradeaus, immer entlang der tosenden Ötztaler Ache. Bei Bruggen gelangen Sie durch eine Unterführung unter der Ötztalstraße hindurch.

Nach der Unterführung ist die Ausschilderung etwas verwirrend, was daran liegt, dass sich hier zwei Etappen überschneiden. Tatsächlich verlaufen die 9. Etappe und die 4. Etappe (Längenfeld – Sölden) von Aschbach bis kurz vor Huben auf dem gleichen Weg. Unübersichtlich ist es allerdings nur an dieser Stelle.

Sie folgen dem Radweg nach rechts und gelangen in einem kleinen Bogen hinter die Häuser von Bruggen, wo es dann geradeaus weitergeht. Vorbei an einigen Bauernhöfen und einem kleinen Industriegebiet erreichen Sie den Weiler Winkle.

Ab hier verläuft der Radweg vorübergehend durch den Wald und am Waldrand entlang, bis er kurz vor Huben durch die Unterführung hindurch wieder auf die andere Seite der Ötztalstraße wechselt.

Nach 150 m überqueren Sie die Ötztaler Ache über eine Brücke und erreichen den kleinen Ort Huben.

Huben

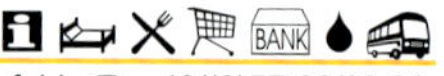

Info-Point Ötztal Tourismus, Huben 102a, 6444 Längenfeld, ☏ +43/(0)57 20/03 00, www.oetztal.com, laengenfeld@oetztal.com, durchgehend geöffnet, mit Bankomat der Raiffeisenbank

Hotel Alpenblick, Huben 102, 6444 Längenfeld, ☏ +43/(0)52 53/55 15, www.hotelalpenblick.com, info@hotelalpenblick.com, ÜF EZ ab € 73, DZ ab € 130, inkl. Ötztal Inside Summer Card, Restaurant: 11:30-14:00 und 17:30-21:00

Pizzeria Via Della, Huben 129, 6444 Längenfeld, ☏ +43/(0)6 60/871 57 18, www.pizzeria-via-della.at, Mo-So 11:00-22:00

♦ Peppas Pub, Huben 101, 6444 Längenfeld, ☏ +43/(0)6 50/658 42 30, www.peppas-pub.business.site, Mo-So 8:00-22:00

Das kleine Dorf Huben liegt wunderschön und ruhig im Längenfelder Talbecken. Sie finden hier alles, was für die Wanderung relevant sein könnte: Hotels und Gasthöfe, einen kleinen Supermarkt und einen Geldautomaten am Info-Point von Ötztal Tourismus. Am Ortsrand liegen der beliebte Campingplatz und die Heimatbühne.

☺ Schräg gegenüber dem Info-Point finden Sie einen Trinkwasserbrunnen, um bei Bedarf die Wasserflasche vor dem steilen Aufstieg zur Teufelskanzel nochmals aufzufüllen.

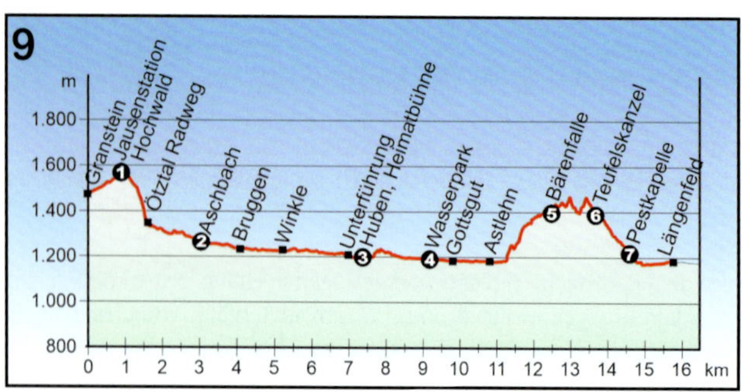

In Huben gehen Sie an der Weggabelung links zwischen Feuerwache und Heimatbühne ❸ hindurch. Durch ein kleines Weidegatter gelangen Sie links auf die Wiese am Ortsrand hinter dem Campingplatz. Die Ausschilderung ist in diesem Bereich nicht eindeutig. Gehen Sie am Holzzaun entlang um den gut besuchten Campingplatz herum, durch ein weiteres Weidegatter hindurch und über die kleine Brücke. Anschließend folgen Sie dem Holzzaun aufwärts und gehen dann links ein kurzes Stück auf einem steinigen Waldweg hinauf, wo Sie in einer Kurve auf den Forstweg treffen. Dieser führt Sie rechts hinunter zum Sportplatz. Ab hier wandern Sie auf dem asphaltierten Feldweg nach links in Richtung Astlehn, wobei Sie einen schönen Ausblick auf die Siedlung Burgstein genießen, die 250 m höher auf einem Felsplateau thront. Nach 500 m erreichen Sie den Wasserpark Huben ❹, wo eine gemütliche Holzschaukel mit einem schönen Blick zurück in Richtung Huben zu einer kleinen Pause einlädt.

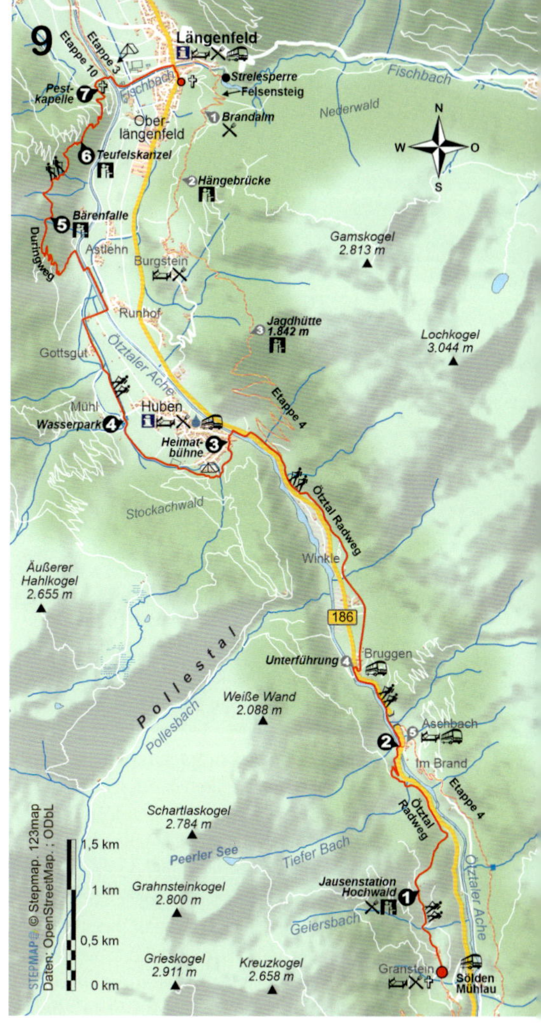

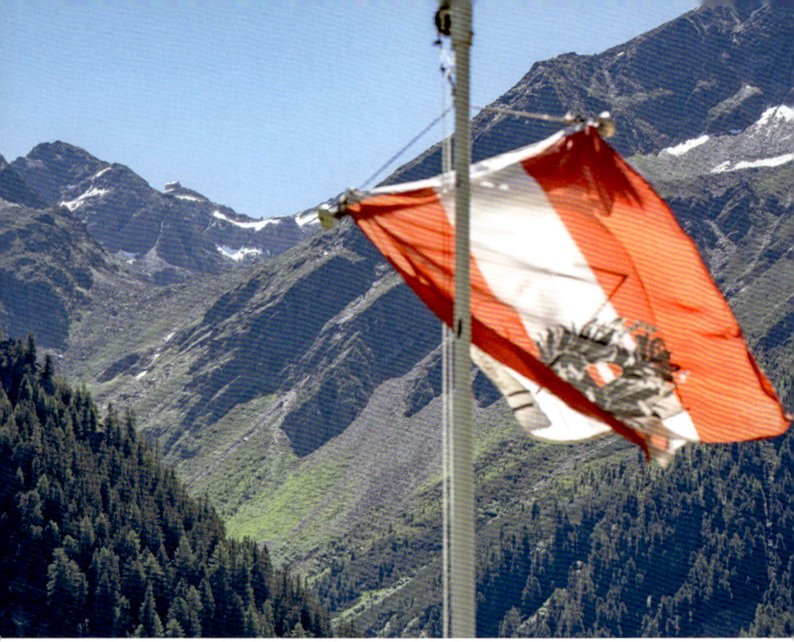

Tiroler Flagge mit Blick auf die Hochstubaihütte

Das Längenfelder Talbecken war einst ein See und die hiesigen Böden gehören zu den fruchtbarsten im gesamten Ötztal. So ist es nicht verwunderlich, dass der Urweg für einige Kilometer an Feldern entlangführt. Sie folgen weiter dem asphaltierten Feldweg, stets parallel zur Ötztaler Ache, bis zu einem Weidegatter mit Warnhinweisen. Hier folgen Sie der Ausschilderung zum „Panorama-Duringweg" nach rechts, überqueren zunächst eine kleine Brücke über den Bach, anschließend eine größere über die Ötztaler Ache und biegen direkt im Anschluss auf den Forstweg nach links ab. An der folgenden Kreuzung auf Höhe der Siedlung Astlehn gehen Sie nach links über die Brücke und auf der Weide rechts am Zaun entlang. Nach 150 m, bei einer Holzbank, beginnt der „Panorama-Duringweg".

Zunächst wandern Sie nach links über die Wiese aufwärts, bevor Sie ein weiteres kleines Weidegatter durchqueren und in den Wald gelangen. Der Aufstieg beginnt sehr steil auf einem schmalen Steig über zahlreiche Stufen, bevor der Weg auf den Forstweg trifft. Diesem folgt er aufwärts, bevor nach zwei Kehren wieder ein schmaler Pfad abzweigt. Nun beginnt der schönste Teil der Etappe. Der Pfad führt abwechslungsreich durch den Bergwald, wobei er an lichteren Stellen immer wieder einen schönen Blick hinunter in das Tal bietet. Außerdem werden mehrere herabstürzende Gebirgsbäche überquert.

Gleich nach dem ersten dieser Bäche erreichen Sie den Aussichtspunkt Bärenfalle ❺, welcher den wohl schönsten Ausblick auf dieser Etappe bereithält. Der Blick schweift weit über das Längenfelder Talbecken und die imposanten Berge zu beiden Seiten.

Weiter geht es in leichtem Auf und Ab, über einen weiteren Bach mit einem kleinen Wasserfall, bis ein Pfad in Richtung „Teufelskanzel" nach rechts abzweigt. Dieser Pfad führt in einigen engen Kehren hinunter zur Aussichtsplattform Teufelskanzel ❻.

Zwar ist auch der Ausblick „teuflisch schön", der Name hat aber einen anderen Hintergrund. Der Sage nach soll der Bauer Bartl hier oben einen Pakt mit dem Teufel geschlossen haben: Er verkaufte ihm seine Seele für Wohlstand und Reichtum. Die Infotafel an der Teufelskanzel erzählt, wie die Geschichte ausging. Die Teufelsskulptur mit herausgestreckter Zunge lässt allerdings nichts Gutes vermuten.

Starke Nerven benötigen Sie auch, wenn Sie den Tiefblick vom vorderen Ende der Plattform genießen möchten. Diese hängt knapp 200 m über dem Talboden.

Am Aussichtspunkt Teufelskanzel

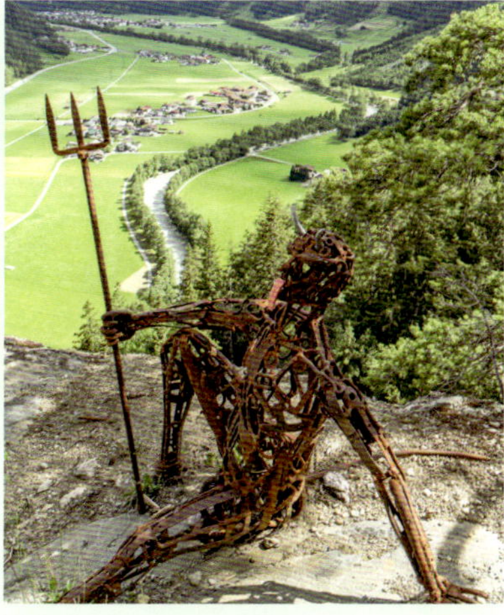

Von der Teufelskanzel geht es einige Meter zurück auf den Weg, dem Sie nun folgen, bis er auf den Forstweg trifft. Bereits nach wenigen Metern verlassen Sie diesen allerdings erneut und gehen auf einem Pfad rechts hinunter. Kurz darauf mündet dieser wieder in den Forstweg, dem Sie nun nach rechts um den Funkmast herum folgen.

Während der zweijährigen Recherche für diesen Wanderführer wurde das letzte Wegstück leider nicht korrekt markiert, daher kann die folgende Wegbeschreibung von der vorhandenen Markierung abweichen. Die hier beschriebene Route ist der offizielle Wegverlauf.

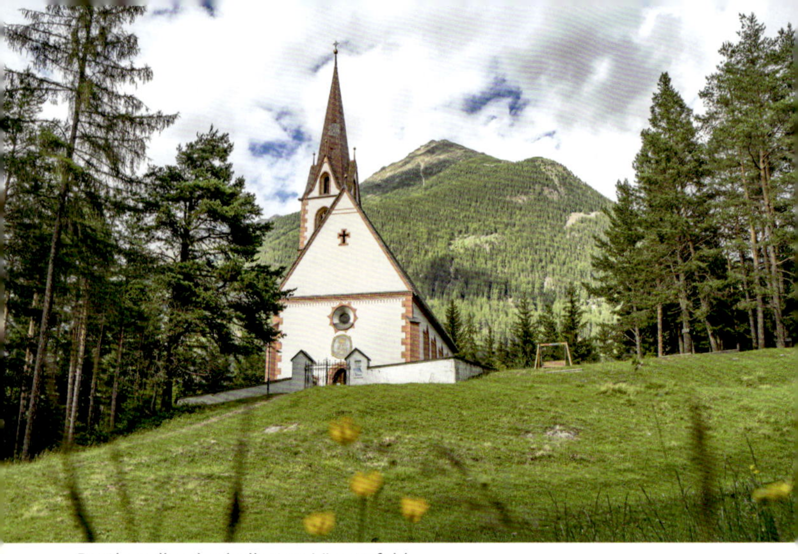

Pestkapelle oberhalb von Längenfeld

Nachdem Sie den Funkmast auf dem Forstweg rechts umgangen haben, ignorieren Sie die erste Abzweigung rechts (auch wenn diese noch immer mit der „12" markiert sein sollte) und biegen erst 130 m weiter nach rechts ab, auf einen recht unscheinbaren Waldweg. Dieser trifft etwas weiter unten auf einen steinigen Pfad, dem Sie nach links folgen. Auf diesem Weg gelangen Sie geradewegs zur geschichtsträchtigen ✞ Pestkapelle ❼.

✞ Der eigentliche Name dieser kleinen Kapelle lautet Zur Heiligen Dreifaltigkeit. Im Volksmund wird sie allerdings seit jeher Pestkapelle genannt, da im 17. Jahrhundert hier die Pestopfer beerdigt wurden, was auf der ortsnahen Seite der Ötztaler Ache untersagt war.

Hinter der Pestkapelle gabelt sich der Forstweg. Nehmen Sie hier den Weg scharf rechts hinunter, der Sie direkt an das Ufer der Ötztaler Ache führt. Über die Brücke gelangen Sie auf die andere Seite, wo Sie rechts bis zu einer weiteren kleinen Brücke gehen. Vor dieser folgen Sie dem Weg nach links und gehen immer am Fischbach entlang bis in das Ortszentrum von Längenfeld. An der Hauptstraße gehen Sie rechts über die Brücke und erreichen kurz darauf die ✞ Kirche. Dieses letzte Wegstück kennen Sie bereits von der 3. Etappe.

Die Übernachtungs- und Einkehrmöglichkeiten sowie weitere nützliche Informationen zu Längenfeld finden Sie bei der 3. Etappe (☞ S. 49).

10. Etappe: Längenfeld – Umhausen

14,5 km, 5 Std., 535 m, 644 m, 1.031-1.585 m

0,0 km	1.180 m	Längenfeld, Pfarrkirche
2,5 km	1.161 m	Lehner Au
5,6 km	1.241 m	Abzweig Winkelbergsee
8,5 km	1.575 m	Wurzbergalm
10,7 km	1.399 m	Köfels
13,5 km	1.081 m	Umhausen, Parkplatz Bischofsplatz
14,5 km	1.031 m	Umhausen, Kirche

Von Längenfeld aus führt der Urweg zunächst an der Ötztaler Ache entlang über Felder und Wiesen. Mit Blick auf den Wasserfall des Eisenlehnbachs geht es dann in Richtung Wald hinüber. Im folgenden Anstieg bietet sich ein kurzer Abstecher zum idyllischen Winkelbergsee an, bevor die urige Wurzbergalm am höchsten Punkt der Etappe zu einer gemütlichen Rast einlädt. Im Abstieg führt der Weg durch das mystische Bergsturzgebiet bei Köfels, ehe dieser auf die andere Talseite wechselt, einem alten Waalweg folgt und nach Umhausen führt, wo er an der Kirche im historischen Ortskern endet.

Die Etappe beginnt genauso, wie die vorherige zu Ende ging: Am Fischbach entlang geht es zurück an das Ufer der Ötztaler Ache und über die Brücke. Weiter geht es nach rechts durch das Weidegatter auf einen Forstweg. Dieser verläuft unmittelbar am Flussufer entlang, vorbei an Feldern und Wiesen. Der Auftakt dieser Etappe könnte idyllischer kaum sein: Das Rauschen der Ache begleitet Sie an unzähligen blühenden Blumen vorbei durch die weiten Felder. Der Blick fällt über die Häuser im Weiler Oberried direkt auf den mächtigen Lehner Wasserfall. Fast genau gegenüber dem Wasserfall erreichen Sie den kleinen Weiler Lehner Au ❶, den Sie rechts umgehen.

⌘ Am Ende des Weilers Lehner Au biegt links ein Forstweg ab, der kurz darauf zu einer befestigten Straße wird. Diese Straße führt Sie geradewegs zum ⌘ Ötztaler Heimatmuseum (☞ Längenfeld) im Weiler Lehn. Der Umweg beträgt 650 m für die einfache Strecke. Bitte beachten Sie die Öffnungszeiten des Museums.

Der Weg verläuft weiter entlang der Ötztaler Ache, lediglich ein Fußballplatz wird kurz links umgangen. An der nächsten Weggabelung biegen Sie nach links ab und folgen dem Weg in Richtung Wasserfall.

Nach Überquerung der Straße wird aus dem Forstweg ein befestigter Weg. Auf diesem gelangen Sie an den Waldrand, biegen nach einer Linkskurve rechts ab und folgen der Straße bis zu einem P Parkplatz. Ab hier folgen Sie der Beschilderung zur Wurzbergalm durch den Bergwald. Nach einem ersten Anstieg erreichen Sie den Abzweig zum idyllischen Winkelbergsee ❷, den Sie für eine kurze Pause besuchen sollten.

Der kleine Winkelbergsee ist lediglich 150 m vom Ötztaler Urweg entfernt und lohnt einen kurzen Abstecher. Mitten im dichten Bergwald liegt dieses Naturjuwel und bietet mit Bänken, Holzliege und Rastplätzen direkt am Ufer einen idealen Pausenplatz.

Etwa 300 m nach diesem Abzweig erreichen Sie eine kleine Kreuzung. Ab dieser führen verschiedene Wege hinauf zur Wurzbergalm. Nach rechts können Sie dem Forstweg in zahlreichen Kehren aufwärts folgen, in der Mitte startet der wenig begangene, anspruchsvollere Ziegen-Peter-Steig (T3, versicherte Stelle) und scharf links geht es über einen sehr angenehmen Fußweg hinauf, der überwiegend im Schatten liegt und gleichmäßig ansteigt. Sie folgen diesem Fußweg.

Der Weg trifft bei der nächsten Kreuzung erneut auf den Forstweg, dem Sie von nun an bis zur Alm folgen. Nach drei lang gezogenen Kehren erreichen Sie die urige ✕ Wurzbergalm ❸ auf einer kleinen Hochebene.

✕ Wurzbergalm, ☏ +43/(0)6 64/985 83 07, www.wurzbergalm-oetztal.at, erich.holzknecht@hotmail.com, Anfang Juni bis Anfang Okt: durchgehend geöffnet, sehr ursprüngliche Alm mit Produkten aus eigener Herstellung

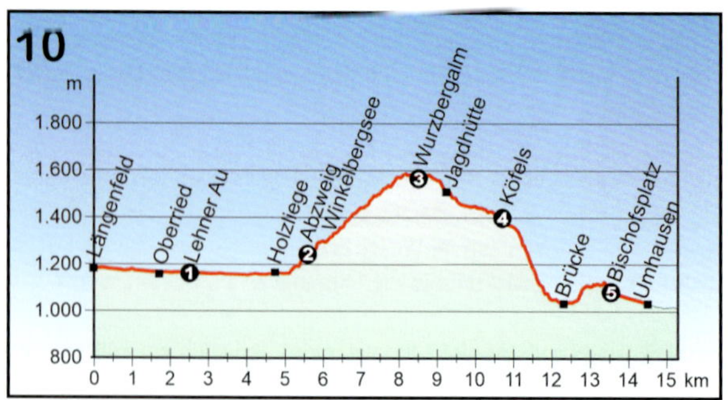

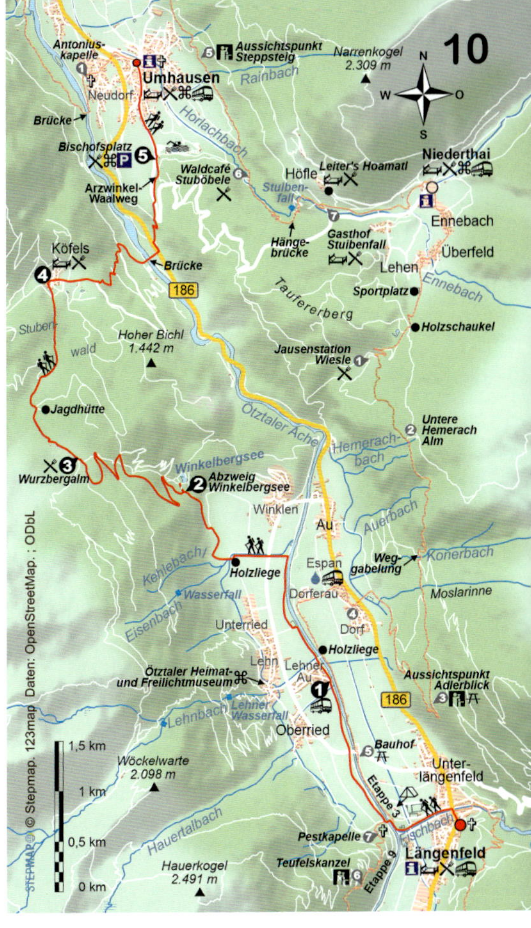

Nach einer schmackhaften Stärkung oder kleinen Erfrischung auf der Alm geht es geradeaus weiter, über eine kleine Wiese und wieder in den Bergwald hinein. Dort beginnt der Abstieg durch das wildromantische und mystische Bergsturzgebiet von Köfels. An der ersten Weggabelung folgen Sie dem Weg nach links, anschließend halten Sie sich stets rechts.

Das Bergsturzgebiet von Köfels ist aus geologischer Sicht höchst interessant. Es handelt sich hierbei um eine der gewaltigsten Massenbewegungen der Erdgeschichte. Der gegenüberliegende Tauferberg und der Stuibenfall sind durch diesen Bergsturz vor ca. 9.800 Jahren entstanden, als sich die Felsmassen dort aufgestaut hatten. Auch eine Theorie, die den Bergsturz auf einen Meteoriteneinschlag zurückführt, ist bis heute nicht vollständig ausgeschlossen worden. Landschaftlich ist das Gebiet auf jeden Fall eine Augenweide: Unzählige riesige Felsbrocken liegen im dichten Bergwald, von Moos überzogen und teilweise vom Wurzelwerk der Bäume umschlungen.

Der Weg verlässt nun den Wald und verläuft durch die kleine Ortschaft Köfels ❹, auf einem Plateau auf 1.380 m Höhe gelegen.

Köfels

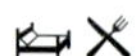

Alpengasthof Köfels, Köfels 6, 6441 Umhausen, ☏ +43/(0)52 55/52 97, www.gasthof-oetztal.at, info@gasthof-oetztal.at, ÜF EZ ab € 46, DZ ab € 88, Restaurant: Juni bis Okt täglich geöffnet (durchgehend)

♦ Jausenstation Edelweiss, Köfels 5, 6441 Umhausen, ☏ +43/(0)6 76/602 46 70, jausenstation.edelweiss@gmx.at, Restaurant: Di-So 9:00-18:00, Mo Ruhetag

Am Wegesrand

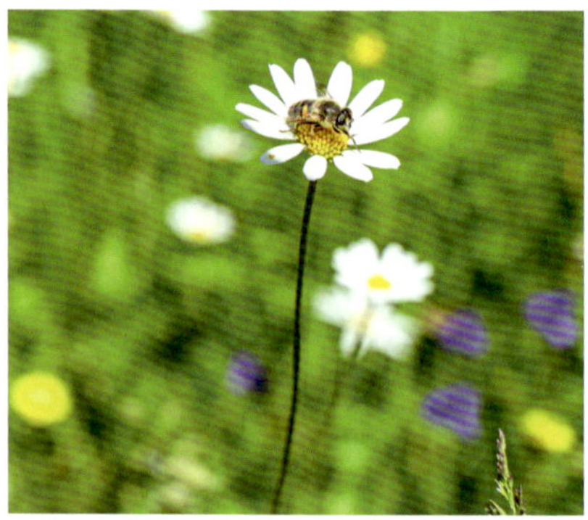

In der winzigen Ortschaft Köfels, die bereits zum Gemeindegebiet von Umhausen zählt, leben lediglich 39 Menschen. Die Ortschaft zeichnet sich vor allem aus durch seine schöne Lage auf einem auf 1.380 m Höhe gelegenen Hochplateau. Hier gibt es zwei Gasthöfe, die für eine Einkehr zur Verfügung stehen. Auch eine Übernachtung ist hier möglich, allerdings ist diese von der Etappenaufteilung her nicht sehr vorteilhaft.

Sie folgen dem Weg durch Köfels, vorbei an einer kleinen Kapelle am Ortsrand, bevor im Wald ein schmaler Pfad links von der Straße abzweigt. Dieser führt sehr steil bergab, ist überwiegend naturbelassen und fordert daher eine gewisse Trittsicherheit. Wanderstöcke sind auf diesem Abschnitt nützlich. Der Steig kreuzt einen Forstweg und führt weiter hinunter.

Die Markierung ist hier nicht ideal. Der weitere Verlauf des schmalen Steigs ist auf der anderen Seite des Forstwegs etwas verdeckt und kann leicht übersehen werden. Es befindet sich zwar eine Wegmarkierung (rot-weiß) am Baum gegenüber, diese ist aber nahezu verblasst (Stand: Juli 2020). Der Wunsch nach einer besseren Markierung wurde bereits an die verantwortliche Stelle weitergeleitet.

Auf der anderen Seite des Forstwegs setzt sich der Steig fort, bis dieser in eine Fahrstraße mündet. Dieser folgen Sie nach links hinunter und gelangen kurz darauf an eine Brücke über die Ötztaler Ache.

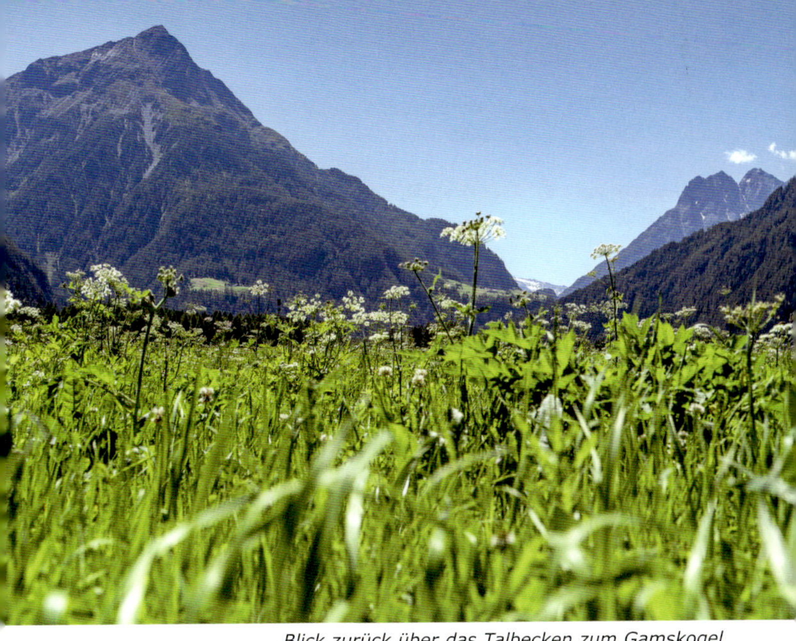

Blick zurück über das Talbecken zum Gamskogel

Die Wegmarkierung weist im restlichen Verlauf der Etappe einige Mängel auf, welche bereits zur Korrektur bzw. Optimierung weitergeleitet wurden. Hier ist es also möglich, dass nach der Veröffentlichung des Wanderführers noch Änderungen auftreten.

Der hier beschriebene Wegverlauf wurde mit Ötztal Tourismus abgeglichen und entspricht der offiziellen Version.

Ignorieren Sie eine Wegmarkierung nach links, falls diese noch immer angebracht sein sollte, und überschreiten Sie die Brücke über die Ötztaler Ache. Überqueren Sie nun vorsichtig die Ötztalstraße, halten sich anschließend links und folgen von der Bushaltestelle einem Trampelpfad im Seitenstreifen neben der Hauptstraße. Nach etwa 100 m zweigt rechts ein Pfad ab, der Sie zunächst durch grobes Blockwerk und im weiteren Verlauf durch den lichten Bergwald aufwärtsführt. Am Ende des Anstiegs erreichen Sie eine kleine Natursteinmauer, der Sie nach rechts folgen. Sie wandern weiter über einen Pfad durch die Wiese, unterhalb der Straße, bis Sie nach ca. 120 m die Möglichkeit haben, die Straße zu überqueren. Auf der anderen Seite folgen Sie dem Wanderweg „Arzwinkel-Waalweg“.

Der Weg führt idyllisch entlang des Wasserwaals (ein händisch gegrabener Bach zur Bewässerung) bis zum bewachsenen Dach des Hochbehälters, wo Sie dem Weg rechtsherum folgen und bei der nächsten Weggabelung links zum Parkplatz Bischofsplatz ❺ absteigen. Um den **P** Parkplatz herum finden Sie eine Kneippanlage, Restaurants, den Naturbadesee, das Ötzi-Dorf und den Greifvogelpark.

La Cascata, Am Tauferberg 1, 6441 Umhausen, ☏ +43/(0)52 55/501 43, www.la-cascata-umhausen.at, lacascata@aon.at, Di-So 12:00-21:00, Mo Ruhetag

♦ Kneipphäusle, Am Tauferberg 2, 6441 Umhausen, ☏ +43/(0)6 64/413 70 46, Mo und Mi 10:00-20:00, Di und Do-So 10:00-22:00

Badesee Umhausen, Am Tauferberg 12, 6441 Umhausen, www.umhausen.com, Mitte Mai bis Sep: Mo-So 9:30-18:30, mit Ötztal Inside Summer Card kostenfrei

Greifvogelpark, Am Tauferberg 8, 6441 Umhausen, ☏ +43/(0)52 55/500 22, www.greifvogelpark.at, office@greifvogelpark.at, Hauptsaison: täglich von 11:00 bis 13:00 Uhr und 14:00 bis 16:00 Uhr (für genauere Informationen und Zeiten der Führungen, bzw. Flugvorführungen bitte die Webseite besuchen), mit Ötztal Inside Summer Card kostenfrei

⌘ Das Ötzi-Dorf bietet spannende Einblicke in die Lebensbedingungen der Jungsteinzeit, deren bekanntester Vertreter, der „Ötzi", hier in den Ötztaler Alpen gefunden wurde.

♦ Ötzi-Dorf, Am Tauferberg 8, 6441 Umhausen, ☏ +43/(0)52 55/500 22, www.oetzi-dorf.at, office@oetzi-dorf.at, Juni bis Ende Sep: Mo-So 9:30-17:30, Okt: Mo-So 9:30-17:00, mit Ötztal Inside Summer Card kostenfrei

Vom **P** Parkplatz Bischofsplatz folgen Sie der Straße in Richtung Ortszentrum, wobei Sie sich gut am weithin sichtbaren Kirchturm orientieren können. Über die Niederthaier Straße und die Straßen Löck und Dorf gelangen Sie zum Etappenziel an der ✞ Kirche.

Umhausen

Tourismusinformation Umhausen, Dorf 24, 6441 Umhausen, ☏ +43/(0)57 20/04 00, www.oetztal.com, umhausen@oetztal.com, Mo-Fr 8:00-12:00 und 13:00-18:00, Sa 8:00-12:00, So geschlossen

Explorer Hotel Ötztal, Gscheat 14, 6441 Umhausen, ☏ +43/(0)52 55/20 60 10, www.explorer-hotels.com/oetztal, ÜF EZ ab € 75, DZ ab € 110, das moderne Hotel ist perfekt auf sportlich aktive Gäste eingestellt

Hotel Johanna, Höchleweg 2, 6441 Umhausen, ☏ +43/(0)52 55/52 48, www.hotel-johanna.at, info@hotel-johanna.at, ÜF EZ ab € 65, DZ ab € 110, familiär geführtes Hotel mit gemütlichen Zimmern und Restaurant, Restaurant: täglich ab 18:00 (für externe Gäste wird eine Reservierung erbeten)

✕ Gasthof Andreas Hofer, Hintere Gasse 8, 6441 Umhausen, ☏ +43/(0)52 55/52 14, www.gasthofandreashofer.com, info@gasthofandreashofer.at, Mo, Di und Do-So 11:00-23:00 (warme Küche 11:30-21:00), Mi Ruhetag, typische Tiroler Küche mit großen Portionen

♦ Gasthof Krone, Dorf 30, 6441 Umhausen, ☏ +43/(0)52 55/500 48, www.krone-umhausen.at, info@krone-umhausen.at, warme Küche: Mi-Fr 12:00-14:00 und 17:30-21:00, Sa, So und Fei 12:00-21:00, Mo und Di geschlossen, regionale Küche in urigem Ambiente

Ötztalerei Café-Burgerbar-Eiswerkstatt, Sandgasse 4, 6441 Umhausen, ☏ +43/(0)52 55/53 17, www.oetztalerei.at, office@oetztalerei.at, Mi-Sa 11:30-22:00, So und Fei 10:00-22:00 (Küche jeweils bis 21:00), Mo und Di geschlossen, von selbstgemachtem Kuchen und Eis bis zu leckeren Burgern und Fingerfood

⌘ Das private Mineralienmuseum zeigt eine schöne Auswahl regionaler Mineralien.

♦ Mineralienmuseum Walter Riml, Niederthaier Straße 17, 6441 Umhausen, ☏ +43/(0)6 64/412 68 99, nur nach telefonischer Voranmeldung

Die Ortschaft Umhausen ist der Hauptort der gleichnamigen Gemeinde, zu der außerdem die Weiler und Ortschaften Farst, Köfels, Niederthai, Östen und Tumpen gehören. Sie liegt auf der zweiten Talebene des Ötztals. Die Hauptattraktion von Umhausen ist ohne Zweifel der Stuibenfall, mit 159 m der höchste Wasserfall Tirols. Dieser wird auf der 2. Etappe des Ötztaler Urweges von Oetz nach Niederthai passiert. Aber auch das Ötzi-Dorf, der Greifvogelpark und der Badesee sind einen Besuch wert. Alle drei sind mit der Ötztal Inside Summer Card kostenfrei, also lohnt es sich, am Vortag in Längenfeld in einem der Partnerbetriebe zu übernachten.

Weg durch Umhausen

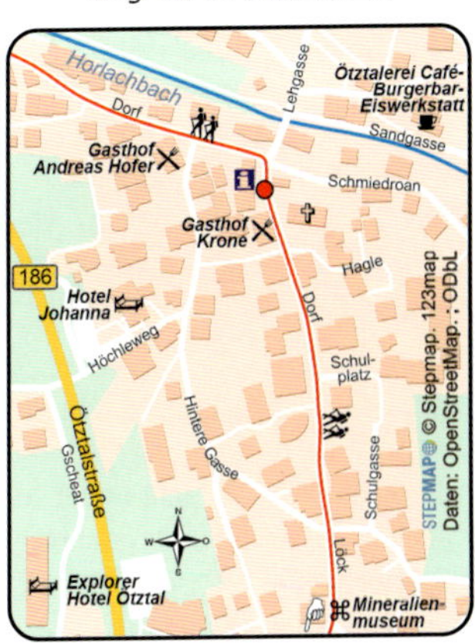

11. Etappe: Umhausen – Sautens

14,5 km, 5 Std., ↑ 526 m, ↓ 730 m, ⇧ 812-1.154 m

0,0 km	⇧ 1.031 m	Umhausen, Kirche BANK
0,7 km	⇧ 1.016 m	Antonius Kapelle
4,4 km	⇧ 1.081 m	Wasserfall
7,1 km	⇧ 931 m	Tumpen
11,0 km	⇧ 1.058 m	Seejöchl
12,7 km	⇧ 1.012 m	Haderlehn
14,5 km	⇧ 812 m	Sautens, Kirche BANK

Die 11. und vorletzte Etappe verlässt Umhausen am Ufer der Ötztaler Ache entlang, bevor sie im grünen Bergwald, vorbei an einem kleinen Wasserfall, an den Ortsrand von Tumpen führt. Weiter geht es am Habicher Seebach entlang durch eine malerische Waldkulisse, die im folgenden Aufstieg zum Piburger See fast mystischen Charakter annimmt. Am Ufer des wärmsten Badesees Tirols lädt das Café Seehäusl zu einer wohlverdienten Pause ein, ehe ein schöner Steig zum Aussichtspunkt Seejöchl hinaufführt, wo sich der Piburger See aus der Vogelperspektive zeigt. Durch Wald und blühende Wiesen wandern Sie abschließend hinab nach Sautens.

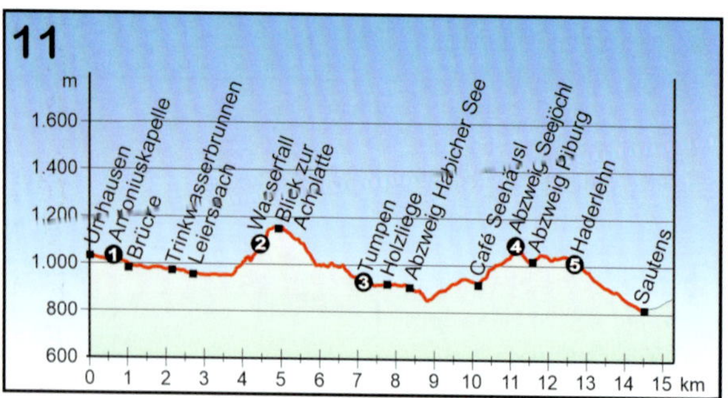

Von der Kirche geht es auf der Dorfstraße abwärts bis zur Bushaltestelle „Neudorf", wo Sie links abbiegen und durch den Ortsteil Neudorf zu einer Weggabelung gelangen. Dort folgen Sie dem Antoniusweg nach rechts bis zur Antoniuskapelle ❶.

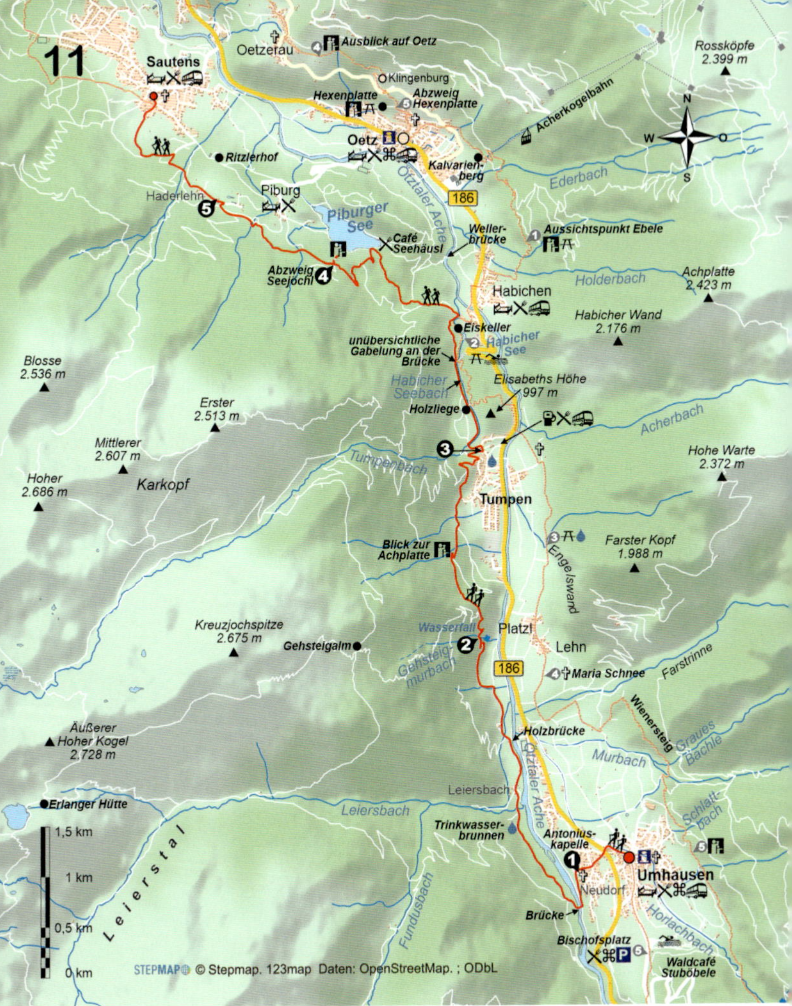

Über den Erlangerweg geht es gemütlich hinunter zur Brücke über die Ötztaler Ache, an der folgenden Kreuzung am Waldrand rechts und an einem Trinkwasserbrunnen vorbei am Fluss entlang. Sie wandern aus dem Wald heraus, durch eine kleine Siedlung und weiter an blühenden Wiesen und Feldern entlang.

Auf Höhe der Holzbrücke halten Sie sich links und folgen dem Weg bis zum nächsten Abzweig. Auf dem Wanderweg steigen Sie steil links hinauf und folgen diesem weiter ansteigend durch den Bergwald. Durch lichte Stellen in der Vegetation bieten sich immer wieder schöne Ausblicke auf die Talebene. Kurz darauf erreichen Sie einen kleinen Wasserfall ❷ an einer Lichtung im grünen Wald.

Im Anschluss folgt das steilste Stück. Auf dem schmalen Steig in Richtung Gehsteigalm geht es mithilfe großzügiger Seilversicherungen durch teils unwegsames Gelände hinauf. Am Ende des steilen Aufstiegs genießen Sie einen traumhaften Blick über das weite Talbecken bis zurück nach Umhausen. Wenige Meter weiter treffen Sie auf den Forstweg, dem Sie nach rechts abwärts folgen. Nach der nächsten Kehre, in der Sie einen beeindruckenden Blick auf die markante Felswand der Achplatte haben, zweigt links der Wanderweg nach Tumpen ab. Auf Höhe der ersten Gebäude (Pferdekoppel) folgen Sie dem recht unscheinbaren Pfad nach links, bevor dieser wenig später in einen breiten Forstweg übergeht. Sie erreichen eine Wohnsiedlung, wo Sie sich links halten und auf der befestigten Straße an den Ortsrand von Tumpen ❸ absteigen.

Bank mit Blick auf die mächtige Achplatte

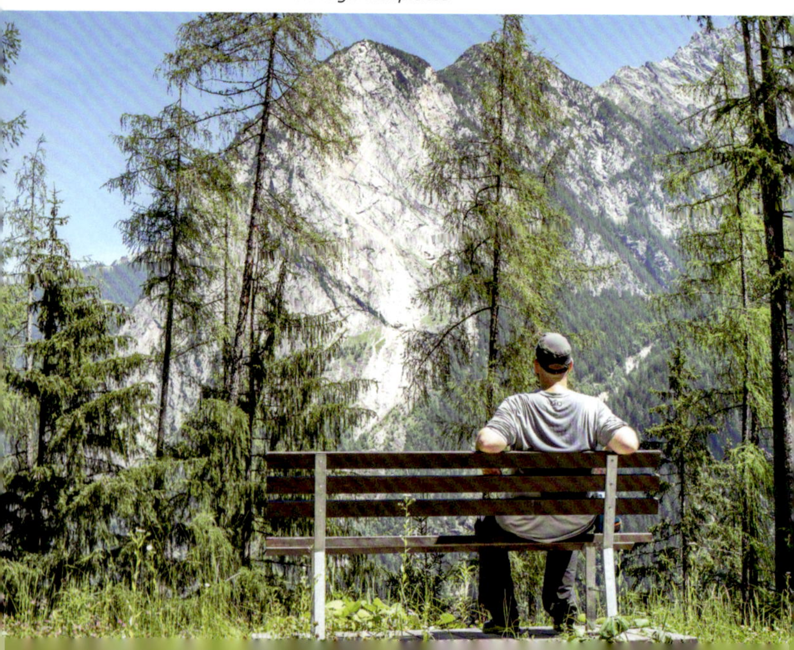

Tumpen

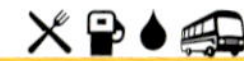

✕ Pizzeria Castello, Tumpen 130, 6441 Tumpen, ☎ +43/(0)6 60/641 77 38, Mo-So 11:00-22:00

Der kleine Weiler Tumpen liegt direkt am Beginn der zweiten Talstufe und gehört zum Gemeindegebiet von Umhausen. Hier finden sich einige kleine Pensionen und Ferienwohnungen. Für Sie dürften vor allem die Tankstelle und die Pizzeria von Interesse sein.

☺ In Tumpen besteht die Möglichkeit, Trinkwasser aufzufüllen oder an der Tankstelle etwas zu kaufen. Bitte beachten Sie, dass es bis zum Piburger See (Seehäusl) keine weitere Möglichkeit hierzu gibt. Folgen Sie der Straße am Ortsrand 100 m nach rechts zum Trinkwasserbrunnen an der Schule oder biegen Sie nach etwa 70 m links ab und folgen dem Feldweg zur Tankstelle. Neben dieser befindet sich auch die ✕ Pizzeria Castello.

Auf der Straße durch Tumpen gehen Sie nach links weiter (Richtung Piburger See), nach 50 m folgen Sie dem Forstweg links hinunter und halten sich an der folgenden Weggabelung rechts. Zwischen Wiese und Habicher Seebach geht es idyllisch weiter, bis der Weg nach 500 m wieder in den dichteren Wald führt. An der Brücke treffen Sie auf eine etwas unübersichtliche Weggabelung. Verlassen Sie hier den Forstweg auf den ersten nach links abzweigenden Wanderweg in Richtung Oetz (der obere der beiden Wege vor der Brücke).

Variante über Habicher See:

Sollten Sie auf der 2. Etappe schlechtes Wetter gehabt haben oder wandern Sie nur ein Teilstück des Ötztaler Urweges, dann haben Sie die Möglichkeit, mit minimaler Abweichung vom regulären Wegverlauf den Habicher See zu besuchen. Hierzu nehmen Sie anstelle des ersten Abzweigs nach links einfach den zweiten (ebenfalls noch vor der Brücke). Dieser Weg führt abwärts und direkt am See und Eiskeller vorbei, bevor er wieder in den regulären Wegverlauf mündet. Die Variante ist sogar 50 m kürzer als der offizielle Wegverlauf und entspricht dem Wegstück der 2. Etappe in entgegengesetzter Richtung.

Der Urweg führt durch ein fast mystisch anmutendes Waldstück, geprägt von verstreuten Felsbrocken, viele mit einer dicken Moosschicht überzogen. Er führt aus dem Wald heraus und über eine Treppe hinunter an den Ortsrand von Habichen.

Die Ausschilderung am unteren Ende der Treppe war zum Zeitpunkt der Recherche ein wenig verwirrend. Zwar sind am Baum zwei Markierungen angebracht, allerdings zeigen diese beide den Wegverlauf der 2. Etappe, der am Habicher See vorbei in die entgegengesetzte Richtung führt. Bitte gehen Sie hier geradeaus weiter, bis Sie nach 80 m auf einen Forstweg treffen.

Dem Forstweg folgen Sie nach links, an der Gabelung am Waldrand halten Sie sich erneut links und folgen dem Weg gleichmäßig ansteigend in Richtung Seejöchl. Hier setzt sich die landschaftliche Schönheit des vorigen Waldstücks nahtlos fort.

Die abzweigenden, kleineren Wanderwege ignorieren Sie und folgen dem Weg, bis er in einen querverlaufenden Forstweg mündet, wo es nach links weitergeht. Nach 80 m verlassen Sie den Forstweg und wandern auf einem sehr schönen Steig in Richtung Piburger See.

Bitte ignorieren Sie beim Verlassen des Forstweges die Ausschilderung. Die Markierung in Richtung Seejöchl, wie zum Zeitpunkt der Recherche angebracht, ist falsch. Der korrekte Wegverlauf folgt hier der Ausschilderung in Richtung Piburger See.

Am Ufer des Piburger Sees angekommen, sind es nur 120 m nach rechts bis zum Gasthaus Seehäusl. Hier lohnt sich ein kühles Getränk oder Eis mit Seeblick.

Gasthaus Seehäusl, Piburger See 2, 6433 Oetz, +43/(0)6 64/344 37 01, www.seehäusl.tirol, info@seehaeusl.tirol, Hauptsaison Juni bis Aug: täglich 10:00-20:00. Die wechselnden Ruhetage in der Nebensaison werden auf Facebook veröffentlicht. Das Café und Restaurant mit großem Biergarten liegt direkt am Seeufer

Das Naturdenkmal Piburger See liegt auf 913 m Höhe, weitestgehend umgeben von Wald. Durch seine idyllische Lage und die vergleichsweise hohen Wassertemperaturen ist er ein beliebtes Ausflugsziel. Er zählt zum Naturpark Ötztal und ist ein wichtiger Lebensraum für zahlreiche Tier- und Pflanzenarten.

Weiter geht es dann in entgegengesetzter Richtung. Der Urweg folgt dem Ufer lediglich für 30 m, bevor links der Steig in Richtung Seejöchl abzweigt. Markiert ist dieser mit dem Symbol des Themenweges „Wasserläufer", bestehend aus blauen Wellen auf weißem Hintergrund.

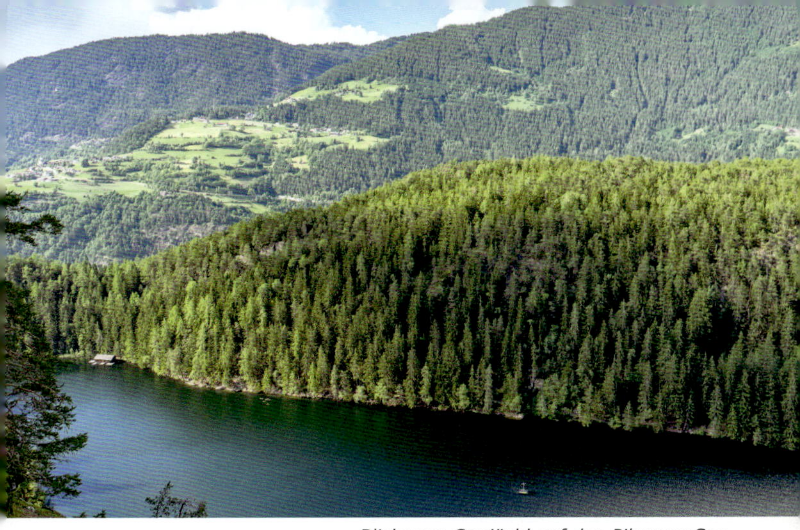

Blick vom Seejöchl auf den Piburger See

Zunächst führt der Steig über mehrere Treppen sehr steil aufwärts, bevor er auf einen Forstweg trifft, dem Sie nach rechts folgen. Oben angekommen, erreichen Sie den Abzweig zum Aussichtspunkt Seejöchl ❹, der nur 100 m vom Urweg entfernt liegt und unbedingt besucht werden sollte. Das Panorama reicht vom Piburger See über die Bergwälder bis zum Acherkogel. Für eine gemütliche Pause stehen Bänke, Tische und eine Holzliege zur Verfügung.

Zurück auf dem Hauptweg folgen Sie diesem weiter durch den Wald und halten sich an der Weggabelung links.

☺ Wer die letzte Nacht auf dem Ötztaler Urweg gerne noch naturnaher verbringen möchte als in Sautens, dem sei das familiär geführte Hotel Seerose in Piburg empfohlen. Könnte ein Abschied schöner sein als mit einem Spaziergang am See nach einem leckeren Abendessen auf der sonnigen Terrasse?

Wenn die Antwort „Nein" lautet, dann folgen Sie dem Weg rechts hinunter nach Piburg. Am nächsten Tag geht es entweder auf demselben Weg zurück auf den Urweg oder direkt von Piburg über den Ritzlerhof und die Haderlehnerstraße weiter nach Sautens.

Seehüter's Hotel Seerose, Piburg 22, 6433 Oetz, ☏ +43/(0)52 52/62 20, www.seerose.at, hotel@seerose.at, ÜF EZ € 68, DZ € 136, HP zusätzlich € 11 p. P., warme Küche: täglich 11:30-14:00 und 17:00-20:00, familiär geführtes Hotel in Seenähe

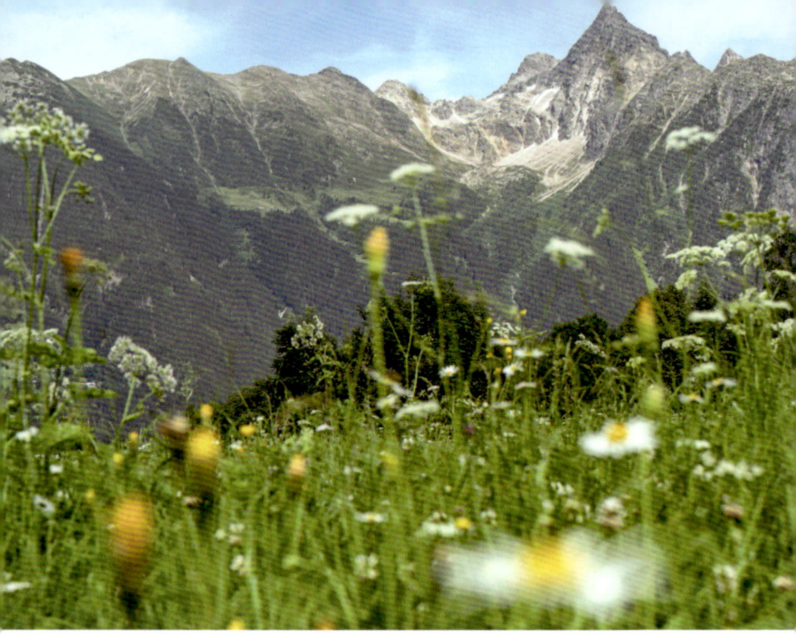

Blumenwiese kurz vor Sautens mit Blick auf den Acherkogel

Oberhalb von Piburg sollten Sie den rechten Wegrand im Auge behalten, denn einige lichte Stellen geben einen traumhaften Ausblick frei: Über die grünen Bergwiesen mit ihren alten Heustadln und den Piburger See reicht dieser bis zum Acherkogel. Auf diesem Wegstück lassen Sie einige abzweigende Wege rechts liegen und gelangen schließlich an den Waldrand oberhalb der kleinen Siedlung Haderlehn, die lediglich aus einem guten Dutzend Häuser und Ferienwohnungen besteht.

Auch hier war die Wegmarkierung bis Abschluss der Recherche noch falsch angebracht. Bitte folgen Sie dem breiten Weg hinunter nach Haderlehn und **nicht** dem Wanderweg in Richtung Sautens.

Von der kleinen Siedlung Haderlehn ❺ folgen Sie der Haderlehnerstraße abwärts, bis nach einer scharfen Rechtskurve, auf Höhe einer Weidefläche, ein Forstweg nach links abzweigt. Diesem folgen Sie zunächst noch durch den lichten Wald, anschließend aussichtsreich durch blühende Wiesen hinunter nach Sautens, wo die Etappe an der ✞ Kirche endet.

Sautens

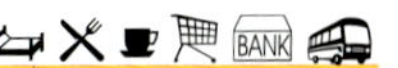

Aktiv Panoramahotel Daniel, Haderlehnerstraße 20, 6432 Sautens, +43/(0)52 52/62 72, www.hotel-daniel.com, info@hotel-daniel.com, ÜF EZ ab € 132,70, DZ ab € 182,80, HP zusätzlich € 12 p. P., schickes 4* Hotel in toller Lage etwas oberhalb von Sautens

♦ Bikergasthof Hotel Post, Dorfstraße 46, 6432 Sautens, +43/(0)52 52/62 37, www.gasthof-post.at, info@gasthof-post.at, ÜF EZ ab € 86, DZ ab € 132, inkl. HP und Ötztal Inside Summer Card

Gästehaus Edelweiss, Dorfstraße 114a, 6432 Sautens, +43/(0)52 52/63 93, www.gaestehaus-edelweiss.at, pens.edelweiss@aon.at, ÜF EZ € 55, DZ € 86, gemütliche Pension mit günstigen Zimmern

♦ Resort Alt-Ötztal, Dorfstraße 69, 6432 Sautens, +43/(0)52 52/65 42, www.alt-oetztal.at, resort@alt-oetztal.at, ÜF EZ ab € 83, DZ ab € 136, helle Zimmer aus Zirbenholz

Cafe-Restaurant Rochus-Stüberl, Reitleweg 4, 6432 Sautens, +43/(0)52 52/211 21, www.rochus-sautens.at, info@rochus-sautens.at, täglich 9:00-23:00

⌘ Die Destillerien der Familien Hackl und Mair stellen hochwertige Edelbrände her und bieten die Möglichkeit zu deren Verkostung und Kauf.

♦ Schnapsbrennerei Werner Hackl, Hinterrain 5, 6432 Sautens, +43/(0)52 52/68 50, www.gaestehaus-michaela.at/schnapsbrennerei, ewhackl@aon.at, ganztägig im Gästehaus

♦ Edeldestillerie Mair, Dorfstraße 48, 6432 Sautens, +43/(0)6 60/569 41 42, www.edeldestillerie-mair.at, info@edeldestillerie-mair.at, nach telefonischer Vereinbarung

Weg durch Sautens

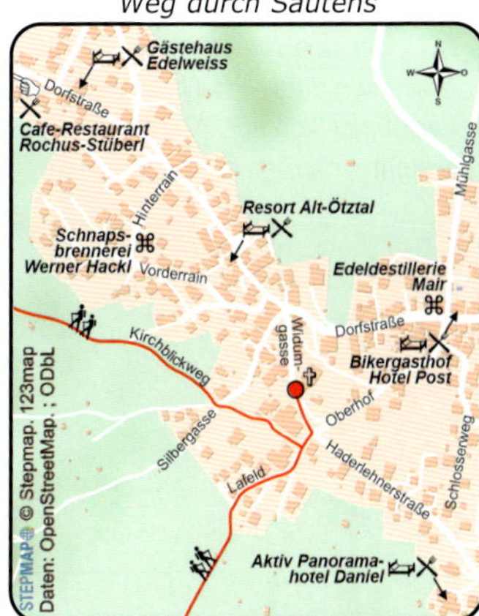

Die kleine Gemeinde Sautens wird aufgrund ihrer leicht erhöhten Lage direkt am Taleingang, im Schatten von Karkopf und Blosse, gerne als das „Tor zum Ötztal" bezeichnet. Sautens ist umgeben von blühenden Wiesen und bietet einen traumhaften Blick auf den markanten Acherkogel, den wohl prominentesten Gipfel des vorderen Ötztals.

Bekannt ist der Ort vor allem für seine lange und erfolgreiche Tradition des Schnapsbrennens. Gleich mehrere lokale Brennmeister nutzen die sonnige Lage, aus der saftige Äpfel, Birnen, Zwetschgen und Marillen hervorgehen, bevor diese zu gefragten und regelmäßig prämierten Edelbränden weiterverarbeitet werden.

12. Etappe: Sautens – Ötztal Bahnhof

15,5 km, 5 Std., 259 m, 426 m, 660-907 m

0,0 km	⇧	812 m	Sautens, Kirche
1,9 km	⇧	824 m	Kalkofen ⌘
3,3 km	⇧	832 m	Tschirgantblick
5,7 km	⇧	698 m	Innsteg
9,9 km	⇧	698 m	Bojenweg
11,7 km	⇧	665 m	Haiming Magerbach
13,5 km	⇧	699 m	Strommast (Haiminger Forchet)
14,8 km	⇧	690 m	Industriegebiet
15,5 km	⇧	693 m	Ötztal Bahnhof

Mit der 12. Etappe schließt sich der Kreis, besser gesagt die Runde um das gesamte Ötztal herum. Von Sautens, dem „Tor zum Ötztal", geht es zunächst durch den Zauberwald zum historischen Kalkofen, bevor der Urweg durch das Naturjuwel Sautener Forchet in das Inntal absteigt. Über Ötzbruck und den karibisch anmutenden Strand am Innsteg führt der Weg auf die andere Flussseite und begleitet den Inn stromabwärts bis Schlierenzau. Anschließend geht es auf dem Bojenweg direkt am Ufer entlang nach Haiming und weiter durch das Waldgebiet Haiminger Forchet. Nach 180 Kilometern endet der Ötztaler Urweg dort, wo er begonnen hat: in Ötztal Bahnhof.

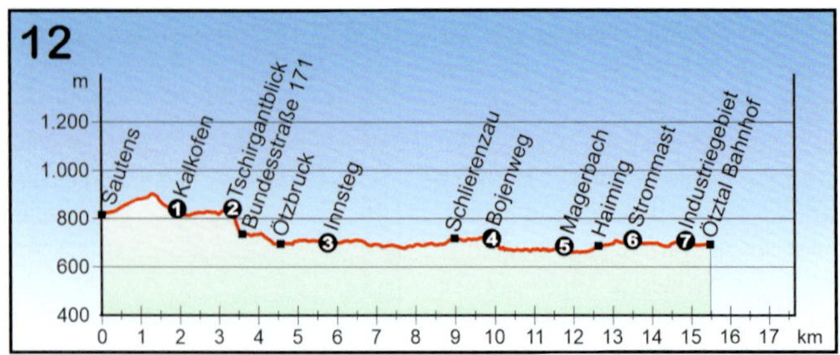

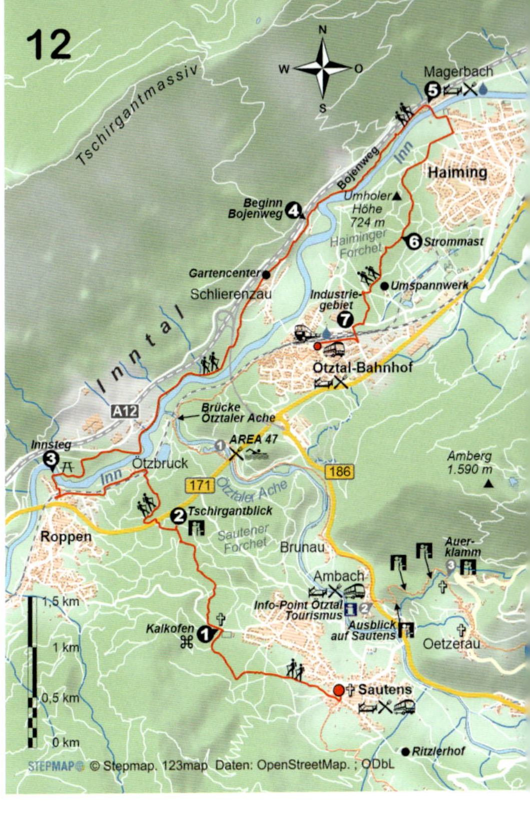

Von der ✞ Kirche in Sautens starten Sie über die Widumgasse und biegen hinter der Schule nach rechts in den Kirchblickweg. An der Weggabelung am Ortsrand halten Sie sich rechts und wandern durch die blühenden Streuobstwiesen in Richtung Wald. Lassen Sie sich hier auf keinen Fall den traumhaften Blick zurück entgehen: die malerische Kirche mit der Bergkulisse von Hochoetz im Hintergrund. Im Wald angekommen, folgen Sie zunächst dem linken Forstweg leicht aufwärts, bevor Sie an der nächsten Weggabelung auf den schmaleren Waldweg nach rechts wechseln. Dieser quert zwei kleine Kreuzungen geradeaus, macht eine scharfe Rechtskurve und wird zunehmend steiniger, bevor er in einen Forstweg mündet. Diesem folgen Sie nach rechts hinunter und erreichen die ✞ Kreuzkapelle und den ⌘ historischen Kalkofen ❶.

Der folgende Wegabschnitt durch das Waldgebiet Sautener Forchet ist, was die Markierung betrifft, einer der schwierigsten Teile des gesamten Ötztaler Urweges. Zwar wurden die betroffenen Stellen an die Wegemacher weitergeleitet, dennoch wird der Wegverlauf nun sehr detailliert beschrieben. Bei Differenzen zwischen Ausschilderung und Wegbeschreibung halten Sie sich bitte an die Version in diesem Wanderführer, da diese von der zuständigen Stelle als offizieller Wegverlauf bestätigt wurde.

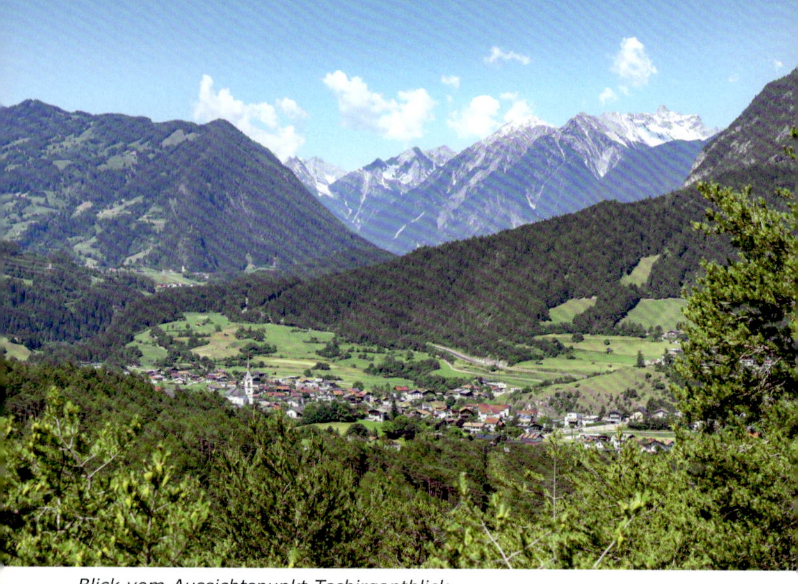

Blick vom Aussichtspunkt Tschirgantblick

Das Forchet, im Tiroler Inntal und direkt am Zugang zum Ötztal gelegen, ist ein ökologisch äußerst bedeutender Urwald, der auf einem Bergsturzgebiet entstand. Aufgrund seiner großen Bedeutung für das Ökosystem und seiner schwierigen Beschaffenheit konnte er lange vor wirtschaftlicher Nutzung und Rodung geschützt werden, was ihn heute zum letzten Talwald dieser Größe macht. In den letzten Jahren wuchs allerdings das wirtschaftliche Interesse am Forchet und somit auch seine Bedrohung. Ausführliche Informationen zu diesem Thema und die Möglichkeit zu helfen, gibt es auf der 💻 Homepage der Bürgerinitiative www.schuetzt-das-forchet.org.

Von der ✝ Kreuzkapelle folgen Sie der befestigten Forststraße in den Wald hinein, biegen nach knapp 200 m nach rechts auf den Waldweg ab und halten sich an der nächsten Weggabelung erneut rechts. Der Weg mündet in einen breiteren Querweg, dem Sie nach rechts folgen („Rundweg Sautener Forchet“). Im Anschluss ignorieren Sie drei Abzweigungen auf der rechten Seite und folgen dem Weg durch den naturbelassenen Urwald. Nach einem markanten Linksknick verläuft der Weg etwa 150 m geradeaus, bevor ein Weg scharf rechts abzweigt. Diesem folgen Sie bis zum Aussichtspunkt Tschirgantblick ❷. Von einer Holzbank genießen Sie den wunderschönen Ausblick auf das gegenüberliegende Tschirgantmassiv und weit in das Inntal hinein bis zu den Lechtaler Alpen.

Der Tschirgant spielt die entscheidende Rolle in der landschaftlichen Entstehungsgeschichte des Sautener Forchet: Ein gewaltiger Bergsturz vor rund 3.000 Jahren bildete die Grundlage für den artenreichen Kiefern-Bergsturzwald, durch den Sie heutzutage hinunter in das Inntal absteigen.

Vom Aussichtspunkt geht es zunächst einige Meter zurück, bevor Sie an der ersten Abzweigung nach rechts absteigen. Auf diesem Weg queren Sie zwei kleinere Pfade geradeaus und gelangen letztlich an die Tiroler Straße (Bundesstraße). Diese überqueren Sie vorsichtig und folgen ihr 70 m nach links, wo sich der Waldweg fortsetzt. Sie halten sich rechts und folgen dem Waldweg, der nun deutlich besser markiert ist. Kurz vor Ötzbruck geht der Waldweg in einen breiteren Forstweg über, dem Sie bis zur Unterführung hinunterfolgen. Durch diese führt der Urweg nach Ötzbruck hinüber, zuerst durch die kleine Siedlung und anschließend weiter an den Bahngleisen entlang. Vorbei an einem Steinbruch und dem Gewerbepark Roppen gelangen Sie zu einer weiteren Unterführung, durch die der Urweg an den Innsteg ❸ hinunterführt. Eine Holzliege auf dem kleinen Sandstrand direkt am Innufer lädt zu einer Pause mit karibischem Flair ein.

Karibik-Feeling am Innsteg

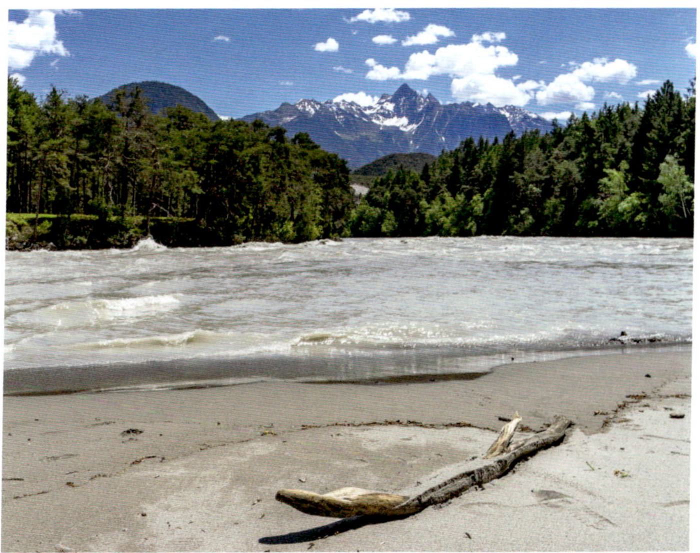

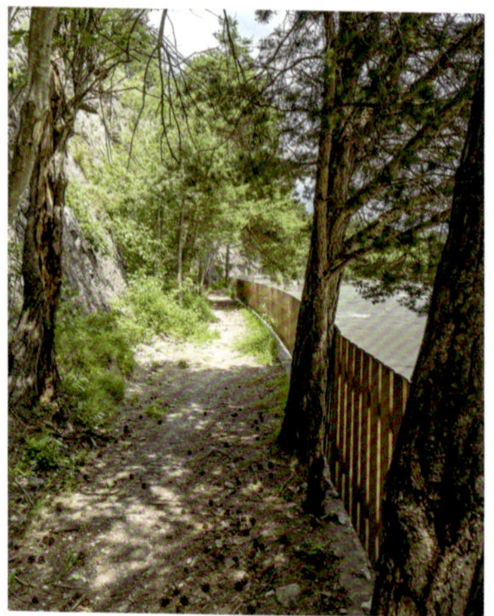

Bojenweg direkt am Innufer

Nach Überqueren der Brücke folgen Sie dem Radweg nach rechts, vorbei an einem schönen Rastplatz am Ufer. Auf dem Innradweg führt der Ötztaler Urweg überraschend idyllisch und naturnah um das große Gewerbegebiet unterhalb des Tschirgant herum. Durch Auen, Wiesen und Wälder gelangen Sie an den Ortsrand von Schlierenzau. Hinter dem großen Gartencenter folgen Sie der Straße nach rechts und halten sich 250 m weiter erneut rechts. Sie verlassen die befestigte Straße in der ersten engen Kehre nach links und gehen auf einem schmalen Wanderweg, von dem wenige Meter weiter der Bojenweg ❹ abzweigt.

Je nach Jahreszeit und Ausmaß der Schneeschmelze kann das Wegstück auf dem Bojenweg wegen Hochwasser gesperrt sein. In diesem Fall gehen Sie zurück bis zur Weggabelung vor dem Gartencenter, wandern nach links durch Schlierenzau hinunter und über die Brücke nach Ötztal Bahnhof.

Der Abschnitt auf dem Bojenweg ist sehr eindrucksvoll, wandern Sie doch unmittelbar oberhalb der gewaltigen Wassermassen, die sich hier ihren Weg durch das Inntal bahnen. Vorbei an einem Parkplatz gelangen Sie auf die Straße nach Magerbach, der Sie nach rechts folgen. Den kommenden Abzweig zum Klettergarten ignorieren Sie trotz der Urweg-Markierung. Stattdessen folgen Sie der Straße weiter bis nach Haiming Magerbach ❺, wo Sie direkt am Ortsrand auch einen Trinkwasserbrunnen finden.

Haiming Magerbach

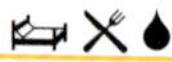

Gasthof Rafting Alm, Magerbach 2, 6425 Haiming, +43/(0)52 66/886 06, www.raftingalm.at, info@raftingalm.at, Restaurant: täglich 7:00-21:00, Gasthof mit gemütlichem Restaurant und einfachen Zimmern

Über die Brücke gelangen Sie auf die Felder am Ortsrand von Haiming, das als Obstanbaugebiet bekannt ist. Der Urweg folgt dem ersten Abzweig nach rechts in den Magerbachweg, an den Feldern entlang bis auf Höhe der Straße Feldweg und dann rechts durch die Felder hindurch. Am Waldrand halten Sie sich rechts, folgen dem Forstweg bis an den Ortsrand und anschließend dem befestigten Weg nach rechts in den Wald hinein.

☝ Auch im Haiminger Forchet ist die Orientierung mit der bestehenden Markierung sehr schwierig. Sämtliche Mängel wurden an das Projektteam weitergeleitet, dennoch sollten Sie sich im Zweifel an der folgenden Wegbeschreibung orientieren.

Sie verlassen den befestigten Weg an der ersten Abzweigung nach links und wandern auf dem Waldweg in Richtung „Umholer Höhe". Ignorieren Sie bitte die falsche Markierung in Richtung Ötztal Bahnhof, halten Sie sich an der folgenden Kreuzung nochmals links und wandern durch den lichten Urwald, der wie auch das Sautener Forchet unter Schutz steht. An der folgenden Gabelung gehen Sie links, nur 50 m weiter an der nächsten dann rechts, dem Bachingerweg folgend. Im weiteren Verlauf ignorieren Sie einige Abzweigungen auf beiden Seiten. Der Weg wird breiter und passiert einen großen Strommast ❻ neben einer Lichtung.

An der kommenden Weggabelung halten Sie sich links und wandern weiter auf dem breiten Waldweg, bis dieser vor dem Umspannwerk auf einen Forstweg trifft. Diesem folgen Sie für 50 m nach rechts, bevor links ein schmaler, leicht ansteigender Pfad abzweigt. Auf diesem gelangen Sie in die Wiesrainstraße, folgen ihr nach rechts und erreichen kurz darauf das Industriegebiet ❼.

An der großen Kreuzung gehen Sie nach links durch die Unterführung und anschließend scharf rechts hinauf in die Straße Bahnrain, der Sie an den Parkplätzen vorbei bis zum Bahnhof folgen.

Nach 180 Kilometern und unzähligen Eindrücken endet der Ötztaler Urweg wieder hier an seinem Ausgangspunkt.

Alle wichtigen Informationen zu Ötztal Bahnhof finden Sie bei der 1. Etappe (☞ S.32).

☺ Am Brunnen vor dem Bahnhof kann vor der Heimreise die Wasserflasche aufgefüllt werden. Aus diesem sprudelt Trinkwasser.

☺ Durch die hervorragende Busverbindung im gesamten Ötztal haben Sie die Möglichkeit, für eine eventuelle Anschlussübernachtung nochmals in ihr Lieblingsetappenziel zurückzufahren. Gönnen Sie sich doch ein persönliches Highlight zum Abschluss.

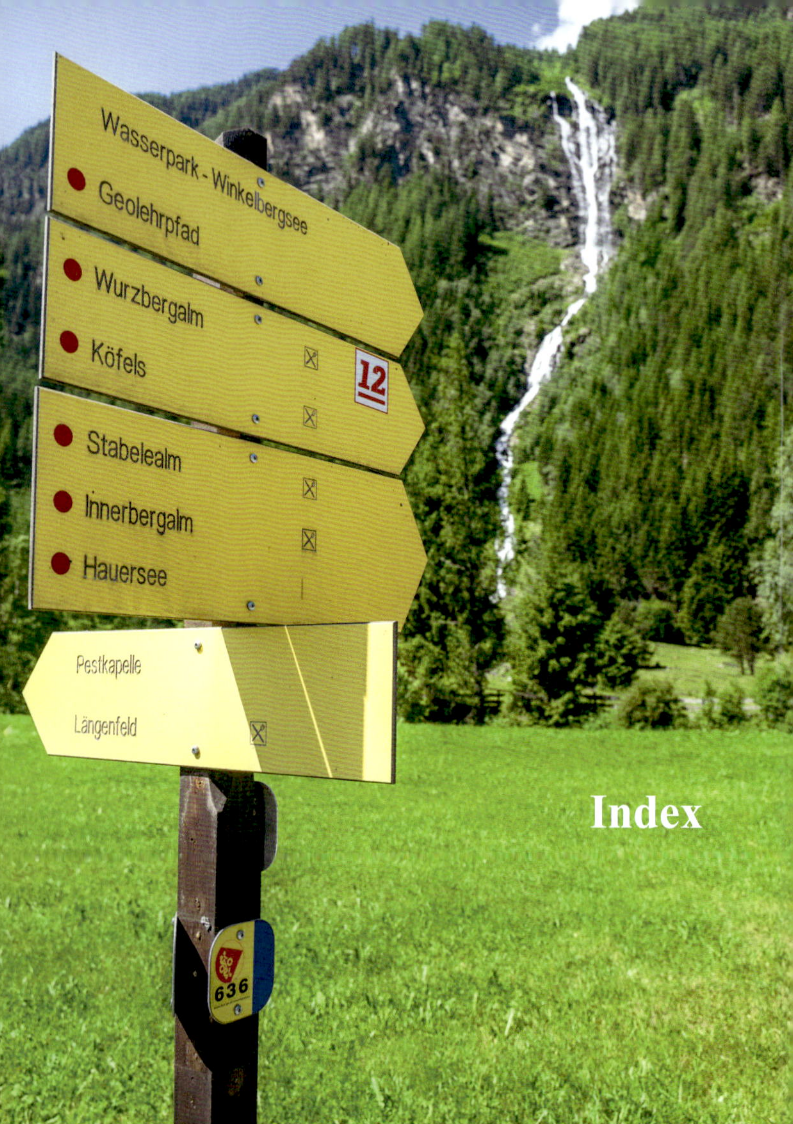

Index

Wegweiser in Richtung Wurzbergalm vor dem Wasserfall des Eisenlehnbachs, 10. Etappe

O

P

R

S

T

U

V/W/Z

freytag & berndt
www.freytagberndt.com
DIE REISEBUCHHANDLUNG IM HERZEN WIENS
Wallnerstraße 3, 1010 Wien
Tel.: +43-(0)1-533 86 85
shop@freytagberndt.at